하나님은 **참된 예배자**를 찾으신다

하나님은 참된 예배자를 찾으신다

발행 2021년 11월 15일

지은이 김재성
발행인 윤상문
디자인 박진경, 전지혜
발행처 킹덤북스
등록 제2009-29호(2009년 10월 19일)
주소 경기도 용인시 기흥구 동백동 622-2
문의 전화 031-275-0196 팩스 031-275-0296

ISBN 979-11-5886-233-6 03230

Copyright ⓒ 2021 김재성
이 책은 저작권법에 따라 보호받는 저작물이므로 무단전재와 복제를 금지하며,
이 책의 내용의 전부 또는 일부를 이용하려면 반드시 저작권자와 킹덤북스의
서면 동의를 받아야 합니다.

※ 잘못된 책은 구입하신 곳에서 교환하여 드립니다.
※ 책 가격은 표지 뒷면에 있습니다.

 킹덤북스(Kingdom Books)는 문서사역을 통해 하나님의 나라를 확장하고, 한국 교회와 세계 교회를 섬기고자 설립된 출판사입니다.

God is seeking the True Worshipers.

What should we do in Corona Virus 19 Pandemic Era?

Prof. Jae Sung Kim, (Ph.D. Westminster Theological Seminary)

Emeritus Professor of Systematic Theology, Vice President.

Kukje Theological University, Seoul, Korea.

Kingdom Books, 2021.

하나님은
참된 예배자를
찾으신다

김재성 지음

코로나19 시대 우리는 어떻게 예배를 드려야 하는가?

킹덤북스
Kingdom Books

목 차

머리말	8
서문	11

1장 왜 교회에 모이기를 힘써야 하는가? ·················· 31
1. 주님을 기다리며, 천국의 소망을 품자   32
2. 코로나19 팬데믹 상황에서도 모이는 교회들   49

2장 사이버 교회, 온라인 예배가 성경적으로 합당한가? ··· 61
1. 참된 교회란 무엇인가?   62
2. 사이버 교회와 온라인 예배 논쟁   66
3. "사이버 교회"의 문제점들   71
4. 인터넷 교회에 없는 것들   77
5. 사이버 세계와 디지털 문화에 대한 비판   81

3장 교회의 모임 속에 함께하는 성령의 사역들 ············ 92
1. 공적인 예배에는 하나님의 특별한 임재가 있다   94
2. 공적인 예배를 통한 특별한 인격적 교제   105
3. 죄인을 향한 성령의 부르심과 조명   108
4. 거룩한 백성으로 살게 하신다   118
5. 그리스도와의 연합과 새 생명   124
6. 영적 성장과 보호   131

하나님은 **참된** 예배자를 찾으신다

4장 신실한 예배는 교회의 생명줄이다 ·················· **138**
1. 경배를 받으시는 하나님의 엄중한 지시들 140
2. 예배 공동체로서의 교회 143
3. 언약의 확증으로서의 제사와 예배 148
4. 성막과 성전과 회당에서 교회로의 전환 151
5. 은혜를 내려주시는 세 가지 방편들 158

5장 코로나19 펜데믹 이후의 교회론 ·················· **163**
1. 교회를 위해서 목숨을 바친 분들을 본받자 164
2. 프랑스 위그노의 목숨을 건 투쟁들 171
3. 청교도 혁명과 참된 교회의 회복 177

결어 215

머리말

이 책을 저술하게 된 동기는 한국 교회를 바라보는 안타까운 마음에서다. 지난 2년 가까이 코로나19 바이러스가 몰고온 재앙으로 전 세계가 고통에 빠져있는 동안에, 한국 교회는 엄청난 타격을 입었다. 어느 날 필자의 강의실에 목회자들과 장로님, 권사님 등 몇 분이 찾아오셔서, 청강을 신청했다. 교회의 집회가 취소된 상황에서, 말씀이 갈급하여 찾아온 것이다. 대학원에 출석해서 직접 저자의 신학 강의를 들으면서, 그분들이 너무나 좋아하고 감동을 받았다고 하셨다. 몇 분은 지금도 계속 수업을 청강하고 있다.

이처럼 참된 신앙을 유지하기 위해서 말씀을 사모하고 갈급한 분들이 많이 있는데, 한국 교회 지도자들은 정부와 방역 당국의 집합 금지 조치에 대해서 그저 순응만 하고 있다.

지금 한국 교회는 어떻게 해야 할 것인가? 일찍이 주기철 목사님의 순교 신앙과 "일사각오"의 신앙 유산을 물려받아서 전 세계에 복음을 나누어주는 그릇으로 쓰임을 받고 있는데, 어찌하여 이처럼 나약하고 초라한 모습으로 전락해 버리고 말았는가? 대형 교회에서는 서로 교회에 나오지 말라고 하면서, 순번대로 당첨된 분들만 호출하고 있고, 작은 개척 교회들은 더욱더 치명상을 입고 있다.

이제라도, 우리는 예배로 모이는 일에 더욱 힘써야 한다. 부디 사탄의 간악한 계략에 넘어가지 말자. 초대 교회의 성도들처럼 어떤 박해와 고난 속에서도, 굳게 단합하자. 한 목소리로 깨어서 기도하고 열심을 다해 하나님께 경배와 찬양을 올려 드리기를 간절히 소망한다.

이 책을 펴내는 마음은 너무나 간절하고, 애절하다. 또한 이 책을 통해서 제시하려는 결론은 단순하고도 명백하다. 일시적인 긴급 조치로 진행되어온 비대면 영상 예배가 온 마음과 시간과 노력을 바쳐서 수행되어야 할 정상적인 예배를 대체할 수는 없다는 점이다. 극단적인 유행병으로 인한 임시 조처의 불가피성을 충분히 인정하더라도, 동영상이나 컴퓨터나 텔레비전으로 드리는 예배가 결코 온전한 예배라고 할 수 없고 정당화 될 수는 없다.

하나님이 받으시는 예배는 사람들의 생각이나, 편리한 방식대로 드리는 것이 아니라, 온 몸과 마음과 정성과 뜻과 목숨을 바쳐서 하나님을 사랑하는 성도의 겸손한 섬김과 헌신을 표현하는 것이라야 하기 때문이다(신 6:5, 11:13, 26:16, 대하 15:12, 왕하 23:25, 마 22:37, 막 12:30, 막 12:30).

2021년 11월
한국 교회를 사랑하는 저자 김재성

서문

모이는 예배를 중단하면, 교회가 무너진다.

"모이기를 폐하는 어떤 사람들의 습관과 같이 하지 말고, 오직 권하여 그날이 가까움을 볼수록 더욱 그리하자"(히 10:25).

지금 우리는 공적인 예배가 멈춰버린 시대에 살고 있다. 신앙적인 관점에 볼 때 그야말로 대재앙이다. 기독교 신앙인들의 숨통을 조이는 총체적인 비상 상황이다. 코로나19 바이러스에 감염되면, 먼저 호흡 곤란을 겪는다. 생명이 소통되지 못하도록, 숨통을 조이는 것이다. 지금 한국 교회의 숨통을 조이는 것도 거리두기라는 초강수 대책의 결과로 빚어낸 비대면이요, 접속 단절('언택트' untacted)의 시대적 현상들이다. 2020년 초에 시작된 코로나19 바이러스의 대확산(the coronavirus pandemic)으로 인해서, 전 세계 기독교와 한국 교회는 치명상을 입고 말았다.

지금 코로나19 유행병은 지난 두 차례의 세계 대전보다 훨씬 더 교모하게 교회를 파괴하고 있다. 20세기 초반, 제1차 세계 대전과 제2차 세계 대전은 교회의 건물들을 파괴하였다. 그래서 전쟁을 하는 동안엔 교회의 출석 예배는 불가능했다. 교회가 붕괴되어서 예배가 활성화 될 수 없는 동안에, 교회를 무너뜨리려는 혁명주의자들의 선전과 책동이 확산되었다. 기독교의 기본 신학이 침탈을 당했고, 자유주의 신학이 번성하는 계기가 되고 말았다.

결론부터 말하면, 지금 교회가 각종 집회를 생략한 채, 성도들이 직접 예배당에 나와서 참여하는 예배를 축소한다면, 결국 한국 교회는 무너지고 만다. 지금은 신앙의 위기 시대다. 어서 빨리 주중에 모이는 예배, 아침이나 오후에나, 저녁에나, 소규모 기도회를 개최해야만 한다. 작은 숫자가 모일지라도, 경건의 훈련 과정을 지속적으로 가져야만 한다. 가공할 전염병의 위협으로 인해 교회의 모임이 지속적으로 위축되어 왔는데, 그냥 유투브를 통해 온라인상에서 은혜를 받으라고만 하고 방치한다면, 결국 교회의 본질이 손상을 입게 되어 역동적인 은혜를 나눌 수 없게 되고 만다.

교회는 주님에 의해서 부름을 받은 사람들의 모임이다. 교회란 소명 받은 사람들이 거룩한 교제를 위해서 집회를 가지며, 말씀과 성령을 통해서 은혜를 공급받는 예배 공동체이다. "에클레시아" 는 분명히 회중들의 "모임"이나 "집회"를 가리킨다. 각 지역 교회의 "모임"은 매우 중요한 교회의 본질에 해당한다(행 5:11, 11:26, 고전 11:18, 14:19, 28, 35, 롬 16:4, 고전 16:1, 갈 1:2, 살전 2:14 등).

교회가 "모임"을 소홀히 하게 되면, 하나님의 임재를 체험할 수 없다. 회심을 불러일으키는 성령의 교통하심과 성도의 교제가 상실된다. 교회는 택함을 받은 그리스도인들의 공동체이기에 예배와 기도라는 특수한 "모임"을 통해서 하나님의 은혜를 항상 공급받았다. 전통적인 교회론에서는 "두 세 사람이 내 이름으로 모여 있는 곳에, 나도 그들 가운데 있다"(마 18:20)고 하신 말씀을 매우 중요시 했다.

'에클레시아'라는 곳은 어떤 특성을 갖고 있는가? 하나님께서는 택한 사람들을 그리스도 안에서 구원을 향유하도록 하기 위해서, 세상으로부터 밖으로 불러내어서 긴밀한 교제로 연결한 곳이 아닌가? 개인적으로 선택과 소명을 받아 믿게 되지만, 그들이 함께 연결되기 때문에 교회라고 부른다.[1] 교회는 하나님의 말씀과 성령

---

1 Herman Bavinck, *Reformed Dogmatics* (Grand Rapids: Baker, 2006), 3: 248-53.

으로 소명을 받고, 믿음을 통해서 그리스도에게 한 지체로 접붙여진 사람들의 모임이다. 교회란 본질적으로 죄의 비참함 가운데서 은혜의 상태로 불러낸 사람들의 교제이다.

그러면 이제 집합 금지 명령에 따라서, 대면 예배가 금지된 비상 상태 속에서 어떻게 교제하며, 교통할 것인가? 대단히 비정상적이고, 당황스러운 조치들 속에서 가능한 대안을 모색해야만 한다. 가공할 질병 앞에서, 육체적으로나 심리적으로나 인간은 너무나 연약하고, 깨어지기 쉽다. 안타깝게도 성도들은 열심을 내기보다는 흩어지는 쪽으로 흘러가고 말았다. 비록 교회에서 모임을 갖지 못할지라도, 예수 그리스도와 연합된 성도들은 죽음을 이겨내는 강인함을 가지고 있다. 참된 성도들, 즉 구원받은 성도들은 "집합 금지 명령"에 의해서 흩어지게 될지라도, 그 어떤 상황에서도 하나님과의 교제를 지속할 수 있다.

2020년 봄부터 거의 2년여 동안 비정상적인 디지털 방송 예배가 마치 정상처럼 유지되고 있는데, 긴급한 비상조치를 마냥 따라갈 수만은 없다. 정부와 보건당국의 '집합 금지'라는 방법에 대해서, 교회가 무작정 두 손을 놓고 있을 수 없다는 말이다. 현 한국 정부는 예배당 좌석에서 단지 20%만이 출석하도록 허용하고 있는데, 사실상 모든 교회의 모든 집회가 다 제약을 받고 있다. 그런데 정부는 마치 교회가 코로나19 전염병을 퍼뜨리는 수퍼 전파 집합 장소인 것처럼 언론을 통해 확대 과장 왜곡 보도한 바 있다. 지금도 정부는 교회의 근본 존재 목적인 예배를 드리지 못하도록 제한하고 있다. 교회는 모임을 통해서 기본적인 관계를 지탱해 왔는데, 집회가 축소되면서 모든 목회 활동이 위축될 뿐만 아니라, 교회의 본질이 크게 손상되고 말았다. 한 번도 경험하지 못한 교회의 본질이 크게 훼손당하는 비상사태를 살고 있다.

이제는 더 이상 교회가 수동적인 자세를 취하면 안 된다. 대면 예배, 소규모 집합 예배, 성도들이 수시로 교회당에 출석하여 드리는 주중 예배, 매일 예배가 속히 활성화되도록 힘써야 한다. 새벽에 드리는 소규모 기도회와 같이, 주중에 오전이나 오후에나, 매일 소수가 참여하는 주중 예배가 주일 예배의 보충으로 활성화되어야 한다. 대형 교회 성도들은 주일 예배에 참석하는 것이 불가능한 상황인데, 인터넷 방송 예배나 유투브 예배에만 의존할 것이 아니니다.

코로나19 펜데믹으로 초래되는 "사회적 거리두기"와 집합 금지 조치에 의한 "비대면 예배"는 엄청난 기독교 신앙의 황폐화가 초래되고 있다. 작금 한국 교회는 비대면 예배뿐만 아니라 가정이 파괴되는 심각한 위협을 받고 있다. 비성경적인 개인주의가 득세함으로 인해 남녀 간의 결혼으로 이뤄지는 가정보다는 비성경적인 "성의 혁명"을 주장하는 동성애가 판을 치고 있다. 사도 바울은

"다른 교훈"을 가르치는 자들에 대한 경계를 철저히 당부하면서 "음행하는 자와 남색하는 자와 인신매매를 하는 자와 거짓말 하는 자와 거짓 맹세를 하는 자와 바른 교훈을 거절하는 자"를 불법한 자들이라고 명쾌히 지적하였다(딤전 1:10).

교회는 공예배를 통해서 하나님의 임재와 은혜를 체험하는 공동체이다. 그러나 지금은 거룩한 모임이 불가능하게 되면서, 성도들에게 제공되어야 할 모든 은혜의 공급이 차단되어 버렸다. 기계적 편리함에 익숙해진 성도들은 게으름의 "명분"을 쌓아가고 있으며, 아예 교회를 떠나고 있다. 많은 교회가 성도들을 잃어버리고 말았다. 기가 찰 노릇이다!

코로나19 바이러스 펜데믹은 게으른 "습관"에 중독된 기독교인들을 양산하고 있다. 집에서 편안하게 영상 예배에 참석한 것만으로 신앙인의 최소한 필요조건을 충족하고 있다고 믿는다. 비대면 예배를 통해서 과연 하나님께서 받으시는 경배와 찬양을 올려드릴 수 있을까? 약간의 의무사항을 이행한 것이라고 스스로 위로를 하면서, 천국에 갈 수 있는 길에서 벗어나지 않았다고 말할 수 있을까? 그런 약간의 의무사항을 수행했다고 생각하는 성도들은 이 험한 세상 속에서 성령의 열매를 맺어, 빛과 소금의 역할을 감당해 낼 수 없다.

이처럼 많은 성도들이 교회에 나가지 않고 있으니, 비정상적인 상황을 합리화 하려고 하는 논의들이 여기저기서 나타나고 있다. 비정상이 정상으로 둔갑하는 일이 발생하고 있는 것이다. 인터넷 교회가 생겨났고, 유투브 수입을 늘리려는 설교자들이 늘어났고, 가상 세계에서 교회에 관련된 모든 일을 처리할 수 있다고 한다. 그렇다면 과연 이것이 하나님의 뜻에 합한 행위라고 할 수 있을까?

필자를 포함하여 대부분의 목회자들이 무작정 교회의 집회와 예배 모임을 주장하는 것은 아니다. 보이지 않는 전염균의 확산으로 수없이 많은 사람들이 목숨을 잃고 있는 이 엄중한 상황에서, 철저히 방역에 힘써야만 한다. 교회라고 해서 결코 의학과 과학의 도움을 외면해서는 안 된다. 필자의 장모님께서도 로스엔젤레스 양로원에 계시다가, 이번 코로나19 바이러스에 감염되어서 2021년 초에 소천하셨다. 전 세계가 울고 있는 이런 비참한 현상들 속에는 각각의 경우마다, 가정마다 참으로 가슴 아프고, 눈물이 나는 일들이 보이지 않게 진행되고 있다.

다시 말하지만, 각자 서둘러서 바이러스를 퇴치하도록 힘써야 하고, 철저히 청소와 방역 약품도 살포하고, 마스크도 착용하고, 소독제도 뿌리고, 철저히 손을 씻는 등 모든 방역 조치들에 협조해야만 한다. 그러나 정부 당국자들이 주장하는 대로만, 교회의 문을 닫은 채, 목회자들이 마냥 두 손을 놓고 있을 수는 없다. 이런 상황 인식과 정책들이 과연 누구를 위한 판단인가를 면밀하게 분석해 보아야 하기 때문이다.

필자는 우선 교회가 어떻게 대처해야 하는가를 제시하기 위해서 미국 교회의 현장들에 대해 소개하고자 한다. 그리고 이어서 지금 전국적으로 대단히 정상적인 것처럼 시행되는 예배 금지 상황에 대처하는 방안들과 특히 비대면 영상 예배의 문제점을 지적하고자 한다.

한국의 행정부가 나서서 교회의 모임을 금지하는 조치들은 헌법상 보장된 종교의 자유를 침해하는 강압적인 국가 권력의 횡포이자 권세자들의 편의주의에서 나온 편법적인 조치들이다. 이렇게 비정상적인 조치들이 무자비할 정도로 정착되어버린다면, 서구 유럽 지역에서 예배가 무너진 것처럼, 결국 기독교인들의 신앙생활은 현저히 타격을 받게 될 것이다. 예배 금지 조치나 제한적인 조치 등에 익숙한 사람들은 상당수 교회를 떠나버렸다. 개인적인 편리함과 자유로움에 익숙해진 성도들은 더 이상 교회 출석의 감동과 기쁨을 느끼지 못하게 때문이다. 이렇게 해서, 사탄의 전략은 게으른 성도들로 하여금 점차 나태하게 만든 후에, 결국 하나님을 떠나도록 한다. 지금까지 일 년여 교회에 나가지 않았는데도, 전혀 하나님의 진노가 없다면, 그럭저럭 신앙인으로 살다가 마지막 날에 회개하고 천국에 들어갈 수 있을 것이라고 착각하게 만든다. 모든 성도들로 하여금 정상적인 신앙생활에서 벗어나 나락에 빠트리도록 교묘하게 조장하고 있다. 이 모든 일을 하나님을 두려워하지 않는 세속 정부가 하고 있다.

2021년 7월 29일 서울행정법원은 은평제일교회가 은평구청장을 상대로 운영중단 처분의 효력을 정지하라며 낸 효력정지 신청을 받아들였다. 재판부는 "운영 중단 처분이 지속될 경우 회복하기 어려운 손해를 예방하기 위한 긴급한 필요가 있다고 인정되고, 효력 정지가 공공복리에 중대한 영향을 미칠 우려가 있다고 인정하기 부족하다"고 밝혔다.

물론 이번에 나온 집행 정지는 행정소송 도중에 처분의 효력을 정지하기 위한 임시 처분이다. 형사소송법 23조는 회복하기 어려운 손해를 예방하기 위하여 긴급한 필요가 있다고 인정되는 경우 법원이 처분의 효력을 정지할 수 있도록 했다. 교회 운영 중단 처분의 효력을 정지한 법원의 결정 이유는 교회 운영 중단이 회복하기 어려운 손해를 가져올 우려가 있고 예배를 진행한다고 해서 공공복리(코로나19 확산 방지)에 중대한 영향을 미칠 우려가 있는 것은 아니라고 본 것이다.

서울행정법원은 7월 16일에도 교회들의 청원을 허락했다. 코로나19, 4단계 방역 지침에 따라 서울시가 대면 예배를 금지하자, 은평제일교회를 비롯한 10여 개 교회들이 서울시 방역 지침에 대해 효력 정지 신청을 냈었다. 법원은 "대면 예배 전면 금지는 예식장·공연장 등 다른 시설과 형평이 맞지 않는다"며 '20인 미만' 범위 내에서 전체 수용 인원의 10%만 참석하는 대면 예배를 허용했었다.

은평제일교회에서는 7월 18일 200여 명이 참석한 가운데 예배를 진행했는데, 이것이 수용 인원(2400여명)의 10% 이하였지만, 당시 정부 방침이던 총인원 19명을 넘어섰다고 해서, 은평구청 쪽에서는 방역 지침을 위반했다며 10일간 운영 중단 조치를 내렸었다. 이에 교회 측에서는 운영 중단 조치에 대한 취소 소송과 함께 집행 정지를 신청했었고, 이제 예배를 허용하는 판결이 나온 것이다.

은평제일교회에서는 "대형 콘서트장과 영화관의 경우 4단계에서 회당 5000명까지 밀폐된 공간에서 집합이 가능한데, 오직 교회에 대해서만 운영 중단 조치를 내린 것은 형평성에 반한다"고 주장했다. 대형 마트, 백화점, 놀이공원 등과도 형평에 맞지 않는다. '야외 예배' 같은 대체 수단이 있는데도, 전면 금지한 것은 부당하다는 반론을 제기했었다.

미국에서는 교회의 출석 예배 금지에 대항하여 싸우는 교회들의 소송 사건들이 연일 언론에 보도되고 있다.

첫째, 연방대법원은 2020년 2월 초에 코로나19 바이러스로 인해서 실내 예배와 집회를 금지하는 조치에 항의하는 "캘리포니아 싸우쓰 배이 연합 오순절 교회"의 청구를 받아들였다(참고 https://www.supremecourt.gov/opinions/). 실내에서 모이는 예배를 금지하는 것은 신앙의 자유를 억제하는 너무나 지나친 조치이므로 이런 명령을 캘리포니아주 개빈 뉴섬 주지사가 내려서는 안 된다고 판결하였다. 이로 인해서 교회 측은 주정부로부터 2백만 달러의 합의금을 받았다.

다만 연방 정부는 집단 발병의 위험이 높으므로, 집회 인원은 좌석의 25%로 제한하는 조치를 취했다. 결과적으로, 교회의 예배 금지 조치는 자유를 억압한 것이어서 취소되었다. 미국 연방대법원은 다른 주와는 달리 미국 내에서 유일하게 실내 예배를 엄격하게 금지했던 캘리포니아 주지사의 행정 명령으로 종교에 대해서 불공평하게 취급한 것은 잘못이라고 판결하였다. 미국의 연방 법원은 보수적인 대법원 판사 6명이 찬성하고, 진보적인 판사 3인은 반대하였다.

둘째, 로스엔젤레스 타임즈(2021년 2월 5일자)는 펜데믹 상황에서라도 미국 연방 헌법이 보장하는 종교의 자유를 보장해야 한다는 결정을 보도했다. 다만 찬송과 소리를 지르는 것은 추가로 제한 조치를 했다.

셋째, 뉴욕 주지사 앤드류 쿠오모는 2020년 추수 감사 주일 밤에 교회 예배를 금지하고 가정 내에서 25명 이내로만 모여야 한다는 조치를 내렸다. 이에 연방 대법원은 이 조치를 취하하도록 판결했다. 조그만 상점에서도 그 정도의 사람들이 드나들고 있는데 오직 교회 모임에 대해서만 제한 조치를 내리는 것은 불합리하다고 판결했다.

넷째, 워싱턴 D.C에 있는 캐피톨 힐 침례 교회는 행정 당국이 코로나19 방역 지침의 일환으로 야외 예배를 제지시킨 일에 대해서 소송을 제기했다. 당시 이 교회는 마스크를 착용하고, 사회적 거리두기를 지키면서 야외에서라도 모이고자 했다. 2021년 7월 8월, 지방 법원은 "야외 예배 제한 조치가 종교 활동에 부당했다. 컬럼비아 구청 측은 교회에 변호 비용 등 총 22만 달러를 배상하라"고 판결했다.[2]

다섯째, 2021년 6월, 캘리포니아 주정부는 로스엔젤레스 패사디나에 있는 하비스트락 교회(Harvest Rock Church)의 예배 중단을 명령했다가, 135만 달러의 합의금을 지불했다. 이 소송은 '종교적 자유'와 가주 당국의 코로19 '방역 조치'의 명분이 법적으로 맞붙어 화제가 됐었다. 주정부는 이번 소송과 관련해 해당 교회를 대상으

---

[2] 미주 중앙일보, "바이든 시대, 보수 기독교계 곳곳에서 이슈 상충," 2021년 7월 19일자.

로 부당한 대우나 규제를 가할 수 없음 등을 명령했다. 사법부는 사실상 수정헌법 1조가 보장하는 종교의 자유를 우선시하며 교회 측의 손을 들어준 셈이다. 하비스트락 교회는 지난해 7월 가주 정부의 찬송가 부르기 금지, 현장 예배 중단 명령 등과 관련, 연방 법원에 행정 명령 시행 중단 가처분 신청 소송을 제기한 바 있다.

한국 교계 내에서는 이러한 미국 교회들처럼 정부 조치에 항의하는 법적 투쟁이 그렇게 큰 이슈로 등장하지 않고 있다. 그렇다면, 지금 코로나19 대유행과 변이 바이러스 펜데믹 상황에서 과연 한국 교회가 어떻게 진로를 정해야 할 것인가에 대해서, 정말로 깊이 생각해야만 한다. 그냥 언론에 지침이 나오는 대로 모든 교회의 집회를 취소한다든지, 무작정 유투브로 진행하는 비대면 예배로만 마냥 세월을 흘러 보내고 있어서는 결코 안 된다. 이렇게 되면, 우리 성도들의 영적인 침체와 교회의 쇠퇴는 불을 보듯이 뻔한 일이다. 한국 교회 목회자들은 마냥 두 손 두 발 다 묶어놓고 시간이 지나가기만을 기다릴 것인가? 예수님께서는 "몸은 죽여도 영혼은 능히 죽이지 못하는"(마 10:28) 사탄과 그 하수인들을 두려워하지 말라고 말씀하셨다. 보건당국의 정책만 따라가다간 성도들의 신앙이 어떻게 될 것인가를 깊이 숙고하고 있는가?

이제 하나님을 두려워하는 목회자들은 바르고 참된 신앙을 가진 주의 백성들과 열심을 다해서 교회를 지키고, 믿음과 선행을 격려하면서, 더 나은 그리스도인으로 성숙하기 위해서 힘을 합쳐야 한다. 목회자와 성도들이 교회에 모여서 드리는 예배를 살려내는 일에 각자가 모든 가능한 노력을 다 바쳐야만 한다. 순교자의 각오와 결의를 가지고, 교회를 살려내고 지켜야 할 절박한 상황에 처해 있다. 코로나19 바이러스 대유행으로 초래된 성도의 교제 단절과 예배 금지 상황은 결국 교회를 무너뜨리는 세력들의 교묘한 수단이 되고 있음을 성령의 시각으로 통찰력 있게 살펴야 한다. 21세기, 세계 교회가 처한 위기 상황을 파악하고 진단해서 대처하지 않으면, 순수한 신앙과 성경적인 예배는 혼탁한 기류에 휩싸이고 말 것이다.

끝으로, 펜데믹 이후의 한국 교회의 미래를 깊이 생각해 보자.

요즘처럼, 많은 성도들이 영상 예배로 대체하고, 전혀 지역 교회에 출석하지 않는다면 결국 교회는 문을 닫게 될 것이다. 서구 유럽 교회의 현상이 급속히 밀려들어오고 있어서, 교회의 열심과 헌신을 무력화시키고 있고, 무신론에 젖어서 타락한 문화가 혼탁한 사회를 촉진시키고 있다.

이미 서규 유럽은 "기독교 이후의 시대"로 접어들었다고 말하는데, 참으로 안타깝기 그지 없다. 간단히 말해서, 유럽 사회에서는 더 이상 전통적인 교회의 예배와 신앙의 힘을 찾아볼 수 없게 되었다. 코로나19 대유행은 이미 쇠잔해져 가고 있던 서구 유럽의 교회를 향한 마지막 철퇴와 같은 대재앙이 되고 말았다. 코로나19 바이러스가 확산되기 이전부터, 20세기 말부터 21세기 초엽까지, 기독교는 서구 유럽과 북부 유럽에서 기독교의 쇠퇴가 광범위하게 진행되어 왔음에 주목해야 한다. 물론 유럽 사회에서 기독교는 여전히 형식적으로 매우 중요한 위치를 차지하고 있다고도 말할 수 있지만, 그 내면을 살펴보면 이미 무너지고 말았다.

유럽 각 지역에서 수천 개의 예배당이 문을 닫거나, 다른 종교와 공동 사용을 하고 있는 실정이다.[3] 지금 유럽은 '기독교를 통과한 사회'(post-Christian society)라고 평가를 하는 사람들이 많은데, 교회가 살아있는 한 이런 용어는 결코 정당한 용어라고 할 수 없다. 유럽에서는 최근에 어찌하여 사람들이 교회를 외면하게 되었을까? 어쩌다가 네델란드 개혁 교회들도 노인들만 소수 출석하는 현상이 벌어지고 말았는가? 종교 개혁 이후로 정통 개혁주의 교회가 국가 전체를 주도했었던 네델란드에서 이런 일들이 벌어지고 말았을까? 이미 2016년에 나온 통계에 의하면, 로마 가톨릭이 23%이

---

[3] "Being Christian in Western Europe." Pew Research Center's Religion & Public Life Project. 2018-05-29. Researcher finds a dramatic decline of Christianity in Europe. Chicago Sun-Times. Archived from the original on 2018-07-31. Jeff Haynes, *Religion in Global Politics* (Routledge: 2014).

고, 개혁 교회와 감리교회에 속한 성도들의 숫자는 31%에서 15%로 줄어들었고, 모슬렘만이 약간 증가했다.[4] 아랍 지역에서 들어온 외부인들이 점차 늘어나고 있기 때문이다. 이런 현상은 캐나다와 오스트리아에서도 마찬가지다. 기독교의 영향력이 현저히 감소했다.

더 가디언(The Guardian)에 의하면, 지금 유럽은 "기독교를 통과한 후, 무종교 사회"라고 말한다.[5] 16세부터 29세 사이의 젊은이들을 조사한 결과, 영국에서는 70%가 무종교이고, 체코 공화국에서는 91% 가량이 무종교라고 대답했고, 에스토니아에서는 80%에 이른다. 가장 종교적이라고 하는 폴란드에서는 17%가 무종교이고, 리투니아에서는 25%라고 대답하였다. 영국에서는 전혀 교회에 출석해 본적이 없는 젊은이들이 50%가 넘는다고 한다.

미국 퓨리서치 센터에서 2012년에 기독교 인구의 변화를 조사한 결과, 2010년에서 2050년 사이에 가장 영향력이 큰 종교가 기

---

4 CBS. "Helft Nederlanders is kerkelijk of religieus". www.cbs.nl(in Dutch). Retrieved 2017-10-17. Tomáš Sobotka and Feray Adigüzel, "Religiosity and spatial demographic differences in the Netherlands"(2002) online Archived at the Wayback Machine.

5 Harriet Sherwood,(21 March 2018). "'Christianity as default is gone': the rise of a non-ChristianEurope.";www.theguardian.com/world/2018/mar/21/christianity-non-christian-europe-young-people-survey-religion.

독교이지만, 해마다 교회 출석 숫자는 현저히 줄어들 것이며, 영향력을 유지하기 어려울 것으로 전망했다.[6]

더욱이 미국인들의 교회에 대한 신뢰도가 계속 하락하고 있다는 발표가 나왔다.[7] 여론 조사 기관 갤럽에 따르면 올해 교회에 대한 신뢰도는 약 37%로 2020년 조사 때(약 42%)보다 약 5% 포인트 떨어졌다. 갤럽이 1973년 처음 조사를 시작한 교회 신뢰도는 1975년 최고치인 약 68%를 기록한 뒤 이후 지속적으로 하락했다. 1989년 약 52%까지 하락한 교회 신뢰도는 911 테러 사태를 계기로 2001년 약 60%까지 반등했으나 이후 다시 하락세를 겪다가 2019년 사상 최저치인 약 36%까지 추락했다.

이러한 세계 문화의 세속화가 가속화 되고 있지만, 한국 교회가 타락한 서구 신학과 변질된 복음을 따라가서는 결코 안 된다. 모든 노력을 포기하고, 무기력하게 부정적인 생각에 젖어 있어서도 안 된다. 우리는 할 수 있는 한 최선의 노력을 다해서 보다 적극적으로, 능동적으로, 즐거운 마음으로 교회가 살아나는 길을 찾아가야 한다. 목회자가 정신 차려서 인격적 열매를 맺도록 최선의 노력을 다해야만 한다. 청교도 신앙의 후예들처럼 한국 교회가 다시

---

6 Pew Research Center, Analysis(19 December 2011), "Global Christianity", Retrieved 17 August 2012.
7 미주 한국일보, 2021-07-22일자, "교회에 대한 신뢰도 37%로 역사상 최저치 근접."

일어나서 세상의 빛과 소금이 되어야 할 길을 제시해야, 전 세계 선교 현장들이 다시 복구될 것이다.

지난 날 전 세계 교회가 받았던 은혜를 사모하면서, 한국 교회가 새벽기도회를 통해 공급받은 은혜가 다시 한번 임하기를 다 함께 교회에 모여서 기도하자. 무엇보다 무너져 가는 예배를 회복하자. 하나님은 공동체 예배를 통해 우리의 죄를 사하여 주시고 하늘의 신령의 은혜와 은사를 주신다. 주일 성수하며 모든 예배에 참여하여 하나님의 은혜를 깊이 체험하고 이 은혜를 모르는 사람들에게 나누어 주자! 하나님을 만나고, 죄 사함을 받고, 그분의 깊은 은혜를 체험할 수 있는 통로인 공예배가 무너지면 한국 교회는 쇠락한 유럽 교회의 전철을 밟고 말 것이다. 하나님이 한국 교회에 은혜의 촛대를 옮기지 않도록 도끼로 교회를 내리 찍는 심판을 하지 않도록 다시 회개의 은총의 자리에 나아가 마음을 찢자!

1장

왜 교회에 모이기를
힘써야 하는가?

1장

왜 교회에 모이기를 힘써야 하는가?

슬프게도 우리 한국 교회는 지금 교회에서 개최되는 집회에 참석하지 말라는 지침을 놓고, 정부 방역 당국과 교회 사이에 점점 대립하는 양상이다. 전염병을 관리하는 정부 당국자들이 집회 금지령을 발동하여 교회의 모임을 제한시키고 있다. 금지 조치를 강요하는 정부에게는 다소 유리한 명분이 있었다. 2020년 초, 대구 신천지 집회는 불특정 다수에게 코로나19 바이러스를 확산시키는 진원지 역할을 했었기 때문이다. 이들은 이미 사이비 재림 교주를 따르는 이단으로 규정된 단체인데, 비상식적인 행사들을 진행하여 사회적 공분의 대상이 되었다.

그 후로 한국 교회는 거의 다 예배 금지 조치에 호응하여 방역 대책에 협조하게 되었지만, 거의 2년 가까이 오랜 시간이 경과 되면서 더 이상 묵과할 수 없는 단계에 도달하고 말았다. 아예 일부에서는 교회에 출석하는 것은 잘못된 율법주의라고 비난하는 입장과 맞서야만 할 정도이니, 참으로 교회 내부적인 갈등과 분열이 심화되는 양상이다.

1. 주님을 기다리며, 천국의 소망을 품자

예배는 하나님께서 받으시기에 합당한 방식으로, 적합한 장소에서, 경외하는 마음으로 올려야 한다. 모든 믿는 성도들은 자신이 속한 지역 교회의 집회에 성실하게 참여하여, 성도 간의 교제와 격려를 나누는 가운데서 힘을 얻는다. 서로의 교제를 통해서 심적인 지원을 받으며, 영적인 성숙과 도덕적 덕을 함양하도록 하기 위해서는, 먼저 교회를 통해서 성경적 교훈을 받아야 한다. 모든 능력의 원천은 하나님으로부터 나오기 때문에, 계시의 말씀인 성경의 가르침에 의존하는 것이다.

그러나 정상적인 교회처럼 보이지만, 기독교 정통 신앙과는 전혀 거리가 먼 집회들과 기도 모임들도 상당히 많다. 경건한 훈련으로 위장을 한 사이비 단체들의 모임도 있고, 이단적인 교리로 속이는 자들이 영혼을 미혹하는 집회를 갖기도 한다. 한동안 세상을 흔드는 세력처럼 보였던 신천지의 이만희, 전도관이나 구원파 등 등 많은 가짜들의 최후를 목격한 바 있다.

참된 성도들은 오직 우리 주 예수님의 말씀만을 따르는 양들이다. 예수님께서는 두 세 사람이 모이는 곳이라도 함께 하시며, 그리스도가 머리가 되시어서 교회를 이끌어 주신다. 모이는 습관을 실천하는 참된 성도들은 그리스도 안에서 살아갈 수 있다. 교회에 모이는 성도들은 서로를 격려하고, 지원하며, 양육을 받는다. 이로 인해 성도는 영적인 양분을 공급받기도 하고, 다른 성도들에게 선한 영향력을 발휘하기도 한다.

교회의 정기적인 예배와 경건한 기도회, 소그룹 성경 공부, 제자 훈련, 봉사담당자로서 맡은 부서의 행사 등에 참여하는 성도만이 책임감을 갖게 되고, 자신의 믿음을 연습할 수 있다. 따라서 성도들의 모임은 가장 결정적인 요체이다.

예배는 구원받은 신자가 자원하여 교회에서 모이는 공예배에 참석하는 것이다. 그래서 반드시 주일날에는 어떤 형태로든지 공예배에 참가하여 성도의 의무를 다해야 한다. 그런데 이런 당연한 규칙이 무너지고 있다. 교회의 공동체성을 상실한 현대인들이 편리한 방식대로 아무 곳에서나, 자기가 참여하고 싶은 시간에 인터넷에 접촉해서 은혜를 받았다고 한다. 자기는 은혜 받았다고 하지만 과연 하나님은 이런 행위를 옳다고 인정할 수 있을까? 개별 성도가 혼자 있는 곳에서 컴퓨터나 동영상 매체에서 다양한 정보와 자료를 얻어서 경건한 삶을 가꾸는데 도움을 얻을 수는 있지만, 하나님을 기쁘시게 하려는 예배자로 자신을 온전히 드렸다고 말할 수는 없는 것이다.

신약 성경이 증거하는 바, 초대 교회 성도들은 미래를 기대하면서 다시 오실 주님에 대한 "소망"(hope)을 품고 살았다. 그들은 예수 그리스도의 육체적 재림이 임박하였음을 굳게 확신했고, 최후 심판을 준비하면서 죄를 멀리하고, 날마다 깨어있으면서 경건한 삶을 추구했다. 이들의 종말론적 신앙은 하늘나라에서의 영생을 소망하는 것이다. "그 날"이 도적같이 올 것이라고 믿었기에, 승리의 소망을 가진 성도들이 교회에서 집회로 모이는 일에 최선을 다했다.

성도들이 가진 참된 '소망'은 세상에 있는 것이 아니다. 오직 선하시고, 전능하신 하나님께만 소망을 두는 것이요, 이러한 영적인 소망은 우리가 그분과의 연합 관계에 있기 때문에 주어지는 것이다. 성도 각자가 가지고 살아가는 "소망"이란 하나님께서 펼쳐나가시는 미래의 정점에 두고 있다는 말이다. 참된 소망은 믿음과 사랑으로부터 분리할 수도 없다. 그것은 하나님의 선물이기 때문

이다.[1]

우리가 어떤 사건이나 시간에 대해서 두려워하고, 무서워하는 마음을 가지면, 부정적인 생각에 빠진다. 예를 들면, 수능시험을 앞에 둔 고등학교 학생들 중에서 걱정과 불안에 휩싸여서 헤어 나오지 못하게 되는 경우에는 극단적인 행동까지 하게 된다. 초대 교회 성도들이 바라본 미래의 소망은 그렇게 부정적이거나, 체념적이거나, 패배주의에 빠졌던 것이 아니다. 주님의 재림을 긍정적으로 기대하면서, 내일에의 선한 소망을 품고 살았기에, 기쁘고 즐거운 기다림으로(positive expectation of good future) 가슴이 벅찼다.[2] 마치 신랑을 기다리는 신부의 준비 상태와 같았다. 다만, 신랑이 더디 오게 되면서, 졸기도 하고 나태하게 될 수는 있었다(마 25:5).

한마디로 압축하면, 종말론적 신앙을 나누던 초대 교회 성도들은 "그 날"을 향한 설렘을 갖고서, 함께 예배를 올리고 서로 신앙과

---

[1] Paul S. Minear, *Christian Hope and the Second Coming* (Philadelphia: Westminter, 1954), 17-29.

[2] G. K. Beale, A *New Testament Biblical Theology: The Unfolding of the Old Tesatment in the New* (Grand Rapids: Baker, 2011), 248. 이 책은 종말론적 희망을 품고 살아갔던 초대 교회 성도들의 종말 신앙에 대해서 탁월하게 풀이하고 있다. 필자는 이 책의 많은 부분에서 자세히 구약과 신약의 연속성을 다루는 성경 신학의 안목을 배울 수 있었다. 최근 신약 학자들의 각종 해석학 이론들을 종합하고 있어서 학문적으로도 탁월한 책이다.

사랑을 나누는 교제와 교육을 위해서 모이기에 힘썼다. 그러나 신랑이 더디 오면서, 매일같이 동일한 종말 신앙을 갖고서, 일상생활을 버티며 살아가는 과정은 결코 쉽지 않았다. 따라서 성도들이 하늘나라에서의 영생에 대해서는 헛된 의구심이나 왜곡된 미혹에 빠져서는 안 되기 때문에, 모임을 갖고서 바른 교훈을 전달하면서 힘을 불어넣었다.[3]

초대 교회 성도들의 종말 신앙을 가장 잘 드러내 보여주는 히브리서 3장을 살펴보자. 이 서신서는 히브리인들에게 보내진 것으로 추정되는데, 중심 주제는 예수 그리스도의 인격과 사역이 얼마나 뛰어난가를 설명하는 것이다. 당연히 그리스도를 믿는 모든 신앙인들은 미래를 바라보고 나아가야 한다는 소망의 메시지를 담고 있다.

첫 서두에서부터 히브리서는 예수 그리스의 탁월함을 증거 한다. 그리스도는 "하나님의 영광의 광채시요, 그 본체의 형상이시라 그의 능력의 말씀으로 만물을 붙드시며 죄를 정결케 하는 일을 하시고 높은 곳에 계신 위엄의 보좌에 앉으셨느니라"(히 1:3). 따라서 그리스도를 "깊이 생각하라"(히 3:1), "바라보자"(히 12:2)고 권고한다. 유대 전통과 구약 성경에 탁월한 이해를 제시하면서 예수

---

[3] H. Bavinck, *Reformed Dogmatics* (Grand Rapids: Baker, 2006), 3:641.

그리스도의 놀라운 사역과 다시 오실 미래적 희망을, 기독론과 종말론의 조합이, 가장 선명하게 제시되고 있다.

히브리서의 저자는 "그 날"이 바로 가깝기 때문에 열심히 모이라고 권면한다. 참되고 온전한 믿음을 가진 성도들은 하나님 앞에 나아가서, 함께 모인 성도들이 서로 사랑과 선행을 격려하는 것이다. 이런 집회를 거부하는 자들은 잘못된 습관에 빠진 자들이다.

> "…참 마음과 온전한 믿음으로 하나님께 나아가자…
> 우리가 믿는 도리의 소망을 움직이지 말고 굳게 잡아
> 서로 돌아보아 사랑과 선행을 격려하며,
> 모이기를 폐하는 어떤 사람들의 습관과 같이 하지 말고,
> 오직 권하여 그날이 가까움을 볼수록 더욱 그리하자"
> (히 10:22-25).

왜 초대 교회 성도들이 서로 모임에 나오기를 권면하면서 살았던가? 어째서 그들은 모임을 폐하려는 자들의 "습관"과는 달리, 열심을 내고 부단히 모이는 일에 대해서 다짐을 했던가? 왜 모이지 않는 자들의 습관이 나쁜 것인가? 왜 우리는 교회에 모여야만 살 수 있는가?

위에 나온 구절은 성도가 다른 기독교 신자와 인간적인 접촉 혹

은 친교 모임을 더 많이 하라고 촉구하거나, 차를 마시고 담소하면서 친숙해진다거나, 성도 사이에만 식사를 자주해서 깊이 사귐을 갖도록 하는 모임에 열심히 참석하라는 조언이 아니다. 그보다 훨씬 더 본질적인 기독교의 종말 신앙을 배경으로 하고서 모임을 갖도록 촉구하는 말씀이다.[4]

예수 그리스도의 재림을 바라보는 성도들이 낙심한 영혼들과 고난과 박해 속에서 흩어진 성도들을 격려하여 함께 하나님께 나아가는 인내와 영적 투쟁과 관련되어 있기 때문이다. 또한 우리는 초대 교회 성도들이 예배와 관련된 영적인 교제의 모임에 대해 격려하는 것이라고 첨부해서 살펴보고자 한다.

히브리서에는 "이 세상"과 '다가올 세상"의 대조가 나온다.[5] 옛 언약은 이 세상에 관계된 것들이다. 새 언약은 장차 다가올 세상에 관련된 것이다. 믿음을 가진 자들은 이미 새롭게 되었고, 장차 올 세대에 접속되어 있다(히 6:5, 9:11, 10:1). 그리스도의 죽으심과

---

[4] Geerhardus Vos, "Eschatology of the New Testament," in *Redemptive History and Biblical Interpretation: The Shorter Writings of G. Vos*, ed. Richard B. Gaffin Jr.,(Phillipburg: P & R, 1980), 25-58. 필자는 오래 전부터 보스 박사의 여러 저서들을 접하면서 너무나 깊은 감동과 깨우침을 받았다. 기독론(예수 그리스도의 인격과 사역)과 종말론(재림과 심판에 이어지는 천국의 영생)을 획기적으로 이해할 수 있게 되었다. 그의 모든 저술들을 최고의 신학 서적으로 추천한다.

[5] Geerhardus Vos, *The Teaching of the Epistle to the Hebrews* (Grand Rapids: Eerdmans, 1956), 49.

부활은 이 세상을 깨어버리고 들어온 종말의 시작이었다. 예수님의 모든 구속 사역들은 자연 법칙으로 움직이는 세상의 질서 속에 비상적인 긴급 조치들이 개입한 사건들이다. 바울 사도의 서신들에 보면, 현재의 세상은 악하지만 장차 올 세상은 순결하다고 대조하여 설파하였다. 히브리서에서도 불완전한 이 세상과 완전한 미래가 대조적으로 나온다.

히브리서를 이해하기 위해서는 기본적으로 옛 언약과 새 언약, 이 세상과 다가올 세상의 대조에 주목하여야 한다. 거기에다가, 두 가지 언약과 세상의 각각의 특징을 파악하고, 이 두 가지 대립 관계 사이의 관련성이 무엇인가를 파악하여야 한다. 이 편지는 구약 성경에 익숙했던 유대인들이나, 흩어진 유대인들에게 보내진 것이라고 볼 수 있다.[6]

보스 박사가 히브리서를 이해하도록 제시하는 기본적인 구조는 옛 언약 속에 새 언약이 미리 제시되어 있었다는 것이다. 구약 언약에는 하늘나라의 실체가 표상적으로 제시되어 있고, 새 언약의 시대에 도래하는 것들과는 대조를 이루고 있다. 미리 예표적으로 보여주신 구약 시대에 나온 것들은 새로운 언약에 비교하면 매우 열등한 것이었다.

---

[6] Vos, *The Teaching of the Epistle to the Hebrews*, 12.

특히, 보스 박사는 세 가지를 대조하여 설명하였다. 히브리서의 가르침에서 독특한 부분은 예수 그리스도의 속죄와 구원 사역의 탁월함인데, 구약의 언약과 새 언약의 대조가 가장 기본적인 교훈이자 대조를 이룬다.[7] 히브리서의 마지막 장, 13장 10-12절에서 구약 시대의 성막과 제단에서 올린 제물보다 위대하신 속죄 사역을 대조시킨다. "여기에는 영원한 도성이 없고, 우리가 장차 올 것을 찾는다"고 하는 종말론적 전망을 확고히 심어주었다. 그가 요약한 두 가지 언약에 대한 대조는 다음과 같이 요약 되어질 수 있다.

첫째, 장소: 옛 언약은 땅 위에서 이뤄진 것이다. 이에 비해 새 언약의 중심지는 하늘나라다.

둘째, 본질: 옛 언약의 본질은 육체적인 것이다. 반면에 새 언약의 본질은 영적인 것이다.

셋째, 효력: 옛 언약은 움직이지 못하는 것이고, 희미하여 실패했다.

하지만 새 언약은 역동적이며, 영원히 함께 한다.

이러한 기본적인 안목을 갖고서, 히브리서 10장 25절을 살펴보

---

7   Vos, *The Teaching of the Epistle to the Hebrews*, 91, 117.

도록 하자.

초대 교회의 신앙생활을 살펴보면 가장 특징적으로 드러나는 것이 있는데, 바로 종말을 향한 신앙인의 태도와 자세이다. "그 날이 가깝다"는 인식이 가장 중요한 열쇠를 갖고 있음에 주목해야만 한다.

가장 정확한 영어 성경 번역으로 알려진 ESV 신약 성경은 '그 날이 가깝다'는 구절을 "아주 가까이 다가오고 있는 그 날"(the day drawning near)이라고 번역하고 있다. "아주 가까이 다가오고 있는 그 날"을 대비하려는 성도가 깨어서 준비하려고 다 함께 모이는 일에 열심을 냈던 것이다. 이처럼 히브리서에는 종말 신앙의 언급이 깊이 배어 있다.[8]

또한 조금 뒷부분에 해당하는 히브리서 12장 22에서는 성도가 소망을 갖고 믿음의 도리를 굳게 잡을 것을 강력하게 촉구한다. 히브리서 12장 18-29절에서는 "시온 산", "살아계신 하나님의 도성", "하늘의 예루살렘", "하늘의 기록된 장자들의 총회" 등을 "교회"(히 12:23)와 동등한 개념으로 열거한다. 모두 다 이스라엘 역사 속에서 자취와 흔적들이 사용되었던 것들인데, 모두 다 "교회"를 상징하는 것이다. 결국 미래에 성취될 하나님의 나라를 표상적으

---

[8] Vos, The Teaching of the Epistle to the Hebrews, 11, 27.

로 알려주신 것들이다. 히브리서 12장 18절이 지적하듯이 "성도들이 모임을 가지는 곳"은 "교회"이자, "천국"의 영역이었다. 그러기에 앞으로 다가올 약속의 성취를 사모하면서, 기쁨으로 하나님을 섬기자고 격려한다. 교회는 승천하신 예수님께 속한 "천상 공동체이다."[9]

그러나 초대 교회 시대에 살던 성도들이라고 해서, 모두 다 성령으로 충만한 성도들은 아니었다. 대부분의 성도들은 영광스러운 모습으로 승리하신 주님의 재림 신앙을 굳게 지키고 있었다. 그러나 곧 오실 것이라고 기대하였던 주님이 오시지 않고 하루하루 지나가면서 문제가 발생하였다. 머지않아 곧 재림하실 것이라고 믿었던 기대가 성취되지 않자, 차츰 늦어지게 되면서 일부 믿음이 약한 성도들 사이에서는 신앙생활이 흐트러지는 경향이 나타난 것이다. 일부에서는 성도들 간의 모임에 나오지 않으면서, 아예 "습관"(habit)이 되어서 교회에 전혀 나오지 않는 자들이 있게 되었다. 그들의 신앙은 돌처럼 굳어져 버렸다. 특히 그러한 자들은 성도들의 모임에 결석하는 일이 잦아져 그만 습관이 되어 버렸다. 결국 참석을 중단한 자들의 경우에는 믿음이 작동 중지 상태에 빠지고 만다.

---

[9] 김재성, 『교회론』 (용인: 킹덤북스, 2022년 출간 예정)을 참고할 것.

초대 교회 성도들이 다 같이 한자리에 모이는 데에 힘을 썼던 이유는 "말세"가 가까이 온다고 생각하면서, 철저한 준비를 실천하고자 노력했기 때문이다. 이들이 가졌던 재림 신앙은 생활의 전반에 영향을 미치고 있었고, 매우 역동적인 삶을 영위하는 원천이 되었다. 이 세상에서의 부귀영화보다는 주님의 나라에서 살아갈 소망을 더욱더 확실히 하고자, 모여서 힘을 잃지 않도록 기도하면서 신앙 교육을 받았다.

예수님께서 마태복음 24장 43절에 언급하신 바와 같이, 사도들은 "도둑같이" 아무도 모르는 순간에 찾아올 재림의 날을 준비하도록 교육을 받았다. 재림 신앙을 확고하게 정립하기 위해서는 함께 그 소망을 나누는 성도들 사이의 격려와 기도 지원 등 신앙 공동체인 교회의 모임이 중요하였다.

베드로는 초대 교회 성도들이 재림을 바라보면서, 긴장감을 가질 것을 촉구했다.

"주의 약속은 어떤 이의 더디다고 생각하는 것과 같이 더딘 것이 아니라 오직 너희를 대하여 오래 참으사 아무도 멸망치 않고 다 회개하기에 이르기를 원하시느니라 그러나 주의 날이 도적같이 오리니 … 하나님의 날이 임하기를 바라보고 간절히 사모하

라"(벧후 3:9-12).[10]

초대 교회 성도들은 영광스러운 그리스도의 재림이 곧 이뤄질 것으로 기대했었다.[11] 그래서 주님이 재림하시는 "날이 임한다"는 사도 바울의 종말 신앙은 그의 전체 서신 속에 광범위하게 스며들어 있는 중요한 교리가 되었다. 사도 바울은 로마서 8장 19-23절에서 피조물의 질서가 회복되는 새로운 날에 대한 소망을 강력하게 피력하였다.

또 데살로니가전서 5장 2절에서는 "주의 날이 도적같이 이를 줄을 너희 자신이 자세히 앎이라"고 하면서, 사도 바울은 "멸망이 홀연히 저희에게 이르리니 결단코 피할 수 없으리라"(살전 5:3)고 경고했다. 초대 교회 성도들의 종말론에는 영원한 구원이라는 소망이 광범위하게 자리하고 있었다. 때로는 핍박과 비난이 가해져도,

---

[10] Simon J. Kistemaker, *New Testament Commentary: Exposition of Peter and Epistel of Jude* (Grand Rapids: Baker, 1987), 335. 이 구절에 나오는 "아무도 멸망치 않고 다 회개하도록 원하신다"라는 의미는 하나님께서 만인 구원을 선포하셨다는 식으로 과장된 해석을 해서는 안 된다. 이 본문은 구원의 범위를 논의하려는 의도에서 기술된 것이 아니다. 유대인이나 헬라인이나 차별없이 구원받기를 원하신다는 의미가 담겨 있을 뿐이다. 하나님께서는 죄인들을 자극하여서 죄를 회개케 하기를 "원하신다"(wish)는 의미이다. 이것을 위해서 우리가 할 일은 부지런히 복음의 약속을 선포하고, 영혼을 두드리며 격려하는 일이다.

[11] Henry Chadwick, *The Early Church* (London: Penguin, 1967), 20.

참음으로 기다리자는 격려를 서로 간에 나누고 있었다. 특히 바울 사도는 몸 안에 영혼이 깃들이듯이, 교회 안에 그리스도의 영이 내재하시면서, 이 땅이 영원한 나라가 아니라는 점을 깨우쳐주신다고 하였다.[12] 주의 영은 우리를 새 하늘과 새 땅을 바라보도록 인도하신다.

> "우리 주 예수 그리스도의 강림하심과 우리가 그 앞에 모임에 관하여 혹 영으로나 혹 말로나 혹 우리에게서 받았다하는 편지로나 주의 날이 이르렀다고 쉬 동심하거나 두려워하거나 하지 아니할 그것이라"(살후 2:1-2).

초대 교회 성도들의 예배와 모임은 종말 신앙에 깊이 관련되어 있었다. 데살로니가 성도들은 심각한 배교의 상황에 직면하였다. "불법의 사람"(살후 3:3)이 예수님의 재림 이전에 나타나서, 자신을 스스로 하나님이라고 높이고, 숭배하라는 명령을 내렸기 때문이다. 성경 주석가들은 로마 황제 칼리굴라가 주후 40년에 자신의 얼굴을 황금 신상으로 만들어서 예루살렘 지성소에 세웠던 것을

---

[12] G. Vos, *The Pauline Eschatology* (Princeton: Princeton University Press, 1930).

지적하고 있다.[13] 로마 제국의 황제 숭배가 절대 신앙으로 강요되면서, 교회는 큰 위기를 맞이하였다.

초대 교회 성도들이 다 같이 모임을 유지하려고 격려했던 이유는 믿음의 다짐을 새롭게 하고, 격려하고, 위로하고, 교육하고, 양육하고, 온전케 하려는 의도에서였다. 그리스도에 대한 지식과 믿음에 관한 교훈들을 더욱더 확신하기 위해서였다.

우리는 히브리서 10장 25절에서, 성도들의 모임이 과연 어떠한 목적으로 유지되어 나갔는가에 주목해야만 한다. 이들은 다시 오실 주님을 기다리며, 준비하려는 마음으로 모임을 갖고 있었다. 예수 그리스도의 부활과 승천은 초대 교회의 성도들에게 승리하신 주님의 왕권을 각인시켜 주었다. 바울 사도는 에베소서 1장 20-23절에서, 부활하신 그리스도가 교회의 머리라고 가르쳤다. 비록 복음이 완전히 세상을 정복하는 시기에 대해서는 낙관을 하지 못하고 있었지만, 그리스도가 성도의 완전한 성화이자, 구원받을 성도의 모델이라는 점을 확신하였다. 그들이 사회적인 차별과 정치적인 압박, 재물이 없어서 고난을 당하는 가운데서 있더라도, 최

---

[13] R. Aus, "God's Plan and God's Power: Isaiah 66 and the Restraining Factors of 2 Thess 2:6-7", *Journal of Biblical Literature* 96(1977):538. Herman Ridderbos, *Paul: An Outline of His Theology* (Grand Rapids: Eerdmans, 1975), 512.

후 심판에서 의로우신 재판장이 의인으로 인정할 것을 확신하면서 서로 격려하였고, 승리를 고대하였던 것이다.

종말론적인 모임을 강조하는 히브리서 본문을 이해하기 위해서, 전반적인 앞 뒤 문맥을 살펴보자. 히브리서 10장은 예수 그리스도의 대제사장 사역과 속죄를 확고하게 믿어야 할 것에 대해서 설명하고 있다. 히브리서 10장은 구약 성경의 옛 언약이 예수 그리스도 안에서 새 언약으로 전환되었음을 설명하고 있다. 예수 그리스도께서 구약 시대의 모든 제사 규정들, 즉 제사장들의 제도, 회막, 동물 제사 등 여러 요소들 가운데 상징적으로 담겨져 있던 제사장의 임무를 완전히 성취하신 것을 강조한다. 예수 그리스도가 성취하신 것은 하나님께서 우리들의 죄를 위해서 예비해 놓은 것이다. 우리 성도들은 고난에 직면했을지라도 우리의 믿음을 굳게 지켜나도록 격려를 받아야만 한다. 하지만 그리스도의 구원을 아는 자들에게는 자신감을 갖게 해주는 영적인 결과를 가져다주지만, 하나님의 뜻에 반항하는 행동을 택하는 자들도 있다.

히브리서 10장 19-25절은 히브리서의 두 부분을 연결하는 다리의 역할을 하는 주제들로 상호 결속 되어있다. 그 앞에 나오는 모든 내용은 새 언약이 더 우월하다는 것을 자세하게 설명한다. 예수 그리스도를 믿는 기독교 신자들에게 확신을 가질 수 있도록 격려하고, 믿음으로 살아가는 생활을 격려한다. 이제 조금 더 본문을 좁혀서 한 구절에 집중해 보자. 우리가 지금 읽고 있는 히브리서 10장 25절은 믿음의 길에서 떠난 자들의 실상을 드러내어 심각한 경고를 하고 있는 부분이다.

물론, 히브리서 10장 25절을 근거하여 공적인 예배 모임에 나오지 않는 것을 보고 무조건 거짓 신자라고 단정적으로 판단을 내릴 수는 없다. 불치의 질병을 가진 환자나 장애인이나 혹은 핍박을 당하는 중에 있는 성도, 또는 전쟁의 위험 상황에 있다면, 집회에 나올 수 없다. 그러한 여러 가지 예외적인 경우에는 성도가 개인적으로 경건을 추구해야 할 것이다. 또한 지금 코로나19 바이러스가 대유행하는 위기의 시대에서도 특수한 상황들은 고려의 대상이 될 수 있을 것이다. 성도들이 직면하고 있는 여러 특수한 형편들을 고려하지 않고, 하나님께서 주일 오전 예배 시간에 모두 다 교회로 모여야만 한다고 명령하신 것은 아니다. 우리는 앞으로 안식일 성수의 조항들을 검토하면서 이러한 예외 조항들을 검토해 볼 수 있을 것이다.

본문을 바르게 이해하기 위해서 지금까지 논의되고 있는 내용들을 간추려 보자. 먼저, 이 본문에 명확하게 "교회"라는 단어가 나오지 않는다는 점을 지적하는 신학자도 있다. 그래서 여기서 모이는 모임이 교회에서 소집되는 예배가 아니라고 주장한다. 교회는 헬라어로 '에클레시아'인데, 기본적으로 "모임"을 의미하며, 헬라

도시 국가에서 "백성들의 회합"을 뜻하는 "민회"라는 단어에서 기인했다.[14]

더구나 초대 교회는 상당히 오랜 기간 동안 박해 속에서 비밀리에 집회를 가졌다. 공개적인 교회가 아니라 지하 교회에 모여서 예배와 성례, 기도와 교육, 권면과 격려, 구제와 자선 등을 함께 나눴다. 교회는 성도들의 모임을 통해서 유무상통하고 서로 영적인 교제를 유지하게 되는 것이므로, 우리가 히브리서 10장 25절에 나오는 모임을 단지 예배만을 위한 집회로 제한할 필요는 없다고 본다. 하지만 사도행전이 증거 하듯이, 초기 신앙 공동체의 모임에서 사도들의 말씀과 기도, 찬양과 기원, 성례와 고백 등이 가장 중심된 일정이었기에, 이들의 모임은 당연히 교회의 활동이라고 간주하는 것이 순리이다.

2. 코로나19 펜데믹 상황에서도 모이는 교회들

미국 로스엔젤레스 밴나이스 시 "그레이스 교회"를 목회하고 있는 존 맥아더 목사는 비대면 예배를 전면 거부하고 있다. 그는 히

---

[14] Robin Osborne, ed., *The World of Athens: An Introduction to Classical Athenian Culture* (Cambridge: Cambridge University Press, 2008), 206.

브리서 10장 25절을 인용하면서, 예배 금지 조치에 반대하는 설교에서, "교회가 문을 열어야 하는 임무"를 강조했다.[15] 그는 미국의 법조항에 근거하여 이 지구상의 어느 국가 권력이라 하더라도 교회의 예배 모임을 금지하거나, 제지할 권한이 없음을 주장했다.

결국 이러한 입장을 견지한 소송들에 대한 판결들이 나왔고, 대부분 교회가 승소했다. 필자는 이것이 오직 교회의 이익만을 추구하려는 입장에서 나오는 무리한 주장이자, 성경의 왜곡이라고 하면서 결코 비난할 수 없다고 본다. 저명한 목회자로서 본인의 교회에 출석하는 성도들에게 교회에 모여서 드리는 예배를 강조하는 것은 당연한 직무일 것이다.

다만, 필자는 히브리서의 이 한 가지 본문만을 가지고, 엄중하고도 기계적으로 적용해야 할 중요한 명령으로 내세워서, 교회에 출석하여 드리는 예배 모임을 강조하려는 것은 아니다. 신약 성경 전체에서 강조하는 교회의 예배 모임에 불참하게 되면, 공적인 예배를 통해서 공급받는 역동적인 은혜를 받을 수 없음에 대해서 보다 더 주목하고자 한다.

다시 말하지만, "코비드-19 대유행"이라는 초유의 위기 상황 속

---

15 John MacArthur, "The Church's Duty to Remain Open," 9/1/2020, https://decisionmagazine.com/john-macarthur-the-churchs-duty-to-remain-open/

에서, 수백 명, 수천 명이 모이는 주일 오전 예배가 방역 당국의 지침을 어기는 무리수가 된다는 점도 충분히 이해한다. 그렇다면, 이러한 극심한 충돌과 양쪽의 입장 차이를 어떻게 해소할 것인가? 교회는 마냥 두 손을 놓고 무조건 정부 당국의 예배 금지에 따라가야만 하는가?

교회는 사람의 권위에 복종하기보다는 하나님에게 복종해야만 한다(행 5:29). 사도들은 예수 그리스도의 부활을 전파하지 말라고 강요하는 자들에게 굴복하지 않았다. 하나님께서는 연합하여 성도들이 모이는 예배를 명령하였고, 성도는 마땅히 따라가야만 한다.

성도들은 서로 사랑과 선행을 격려하고, 다 같이 함께 모임 속에서 서로를 돌아보아야 한다. 히브리서 10장 22절은 성도 사이의 사랑과 교제를 매우 중요하게 강조했다. 이것이야말로 성도가 그리스도 안에 있다는 증거가 된다. 성도들 사이의 인격적인 교제를 가볍게 여기는 것은 잘못된 신앙이다.

앞에 살펴본 히브리서 본문의 맥락에서, 성도는 그리스도 안에서 서로 사랑하고, 교제하고, 돌아보는 일에 명령을 받았다. 이러한 영적인 교제와 격려의 상황들은 교회에서 모이는 집회를 통해서 성취되는 것이므로, 비록 모임을 가지라는 것은 명령이 아니고 권고라 하더라도, 모이기를 폐할 수 없는 것이다. 다른 성도의 궁

핍과 부족함을 외면하는 것은 성경적 교회가 지향할 목표라고 할 수 없다.

교회가 모임을 갖지 않으면, 우리의 재림 신앙과 하나님 중심의 삶은 황폐한 상태로 변질될 것이다. 반대로 어떠한 상황에서도 흔들리지 않고, 경건한 모임을 갖고 간절히 기도하는 자기 백성들을 하나님께서는 마냥 고난과 슬픔 속에 버려두시지는 않는다(히 13:5).

우리 성도들 사이에서도 교회의 다른 동료들을 무시하거나, 그냥 간과할 수 없다. 우리는 교회 안에서 다른 성도와 의견이 심하게 차이가 나거나, 서로 느끼는 감정이 크게 차이가 난다고 해서, 교회를 떠나버리는 행위를 금해야 한다. 이것은 너무나 개인주의, 이기주의, 자아 집착이기 때문이다. 교회에 속한 성도들이 다른 성도에 대해서 무관심하는 것은 하나님에게 거역하는 행위이자, 배교의 행위와 같은 것이다.

히브리서 10장 25절에 나오는 "모임"은 과연 무엇을 위한 집회인가? 여기에 "교회"라는 단어, "에클레시아"가 사용되지 않았음에 유의하여서, 성도들에게 참석하도록 격려하는 모임은 아마도 각 지역의 회당(synagogue)에 속한 기독교인들의 추가적인 집회와 모임이라고 해설하는 주장도 있다. 이미 문맥에서 채택된 단어를 검토하면서, 교회라는 단어가 없으므로, 혹시 회당에서, 즉 아직은 교회와는 완전하게 차별화된 모임이라고 주장하는 학자가 있다. 어쩌면 초대 교회의 모임은 회당 주변에서 모이던 작은 공동체의 회합일 수도 있을 것이다.

사도행전에서 자주 언급되었듯이, 초창기 교회는 이방인들의 지역에서 다양한 형태로 발전하였고, 흩어진 유대인들이 모이던 회당과 같이 작은 모임을 통해서 발전하였다. 주후 70년경, 예루살렘이 무너진 후, 가이사랴, 안디옥, 에베소, 로마 등 사도들은 여러 형태의 초대 교회를 건설해 나갔다.[16] 사도 바울은 수없이 회당에 들어가서 전도했다. 초기 형태의 교회가 자리를 잡아갈 무렵에, 유대인으로서 기독교인이 된 성도들은 회당에 모였을 것인데, 아마도 각 지역에서 교제의 모임을 가졌을 것이다.[17] 유대인들의 "회당"이라는 장소도 역시 오늘날로 말하자면, 유대인들의 지역별 종교 집회소였는데, 초대 교회의 예배당 규모는 이들보다 훨씬 적었다. 그럼에도 이방 지역에 살던 유대인들 상당수가 사도 바울처럼 기독교인으로 개종했던 것이다.

그러나 초대 교회의 배경과 당시 상황에 근거하여서, 히브리서 10장 25절에 나오는 모임이라는 것을 이렇게 회당 집회 이후의 소

---

[16] Burnett William Streeter, *The Primitive Church* (N.Y.: Macmilian, 1929), 31.
[17] F.F. Bruce, *The Epistle to the Hebrews in The New International Commentary on the New Testament* (Grand Rapids: Eerdmans, 1964), 254.

그룹 모임으로 해석할 때에도 명확하게 설명되는 것은 아니다. 이런 집회 장소로 사용되었으리라 추정되어지는 "회당"이라는 단어도 역시 여기 본문에 전혀 등장하지 않는다. 또한 초대 교회는 회당과는 정체성이 완전히 달랐다. 그 두 그룹은 서로 본질상 완전히 다른 공동체였다.

히브리서 10장 25절의 모임을 "가정집에서 모이던 교회의 집회", "가정 교회"(house church)로 해석하는 신학자도 있다. 비록 초대 교회 시대에는 교인들의 규모가 아주 작았을지라도, 또한 그들이 모이던 장소도 역시 비좁고, 열악한 곳이었든지 간에, 혹 신앙심이 돈독하면서도 약간 넉넉한 중산층의 집이었을지라도, 그곳은 분명 하나님께 예배하기 위해서 공적으로 인정된 장소였을 것이다.[18]

초대 교회는 "가정 교회"였다. 사도 바울은 "아시아의 교회들이 너희에게 문안하고 아굴라와 브리스가와 및 그 집에 있는 교회가 너희에게 간절히 문안한다"고 하였다(고전 16:19). 또 로마서의 말미에서는 "그들 집에서 모이는 교회"에도 문안한다고(롬 16:5) 한

---

[18] Philip Carrington, *The Early Christian Church: Volume 1, The First Christian Century* (Cambridge: Cambridge University Press, 2011), 41-42. Floyd V. Filson, "The Significance of the Early House Churches," *Journal of Biblical Literature*, vol., 58(June 1939): 105-112.

다. 초대 교회 시대에는 수천 명, 수만 명 모이는 대형 교회는 없었다. 그래서 브루스 박사도 또 다른 해석의 가능성으로 "가정 교회"의 모임일 수 있다는 여지를 열어놓았다. 각 지역마다 여러 곳에 흩어져서 모이던 작은 교회들이 있는데, 일부 성도들은 각기 다른 지역에 모이던 모임을 무시해버리는 경우가 있었다는 것이다.

우리는 다행스럽게도 교회의 초기 역사를 증거 하는 자료들을 많이 가지고 있다.[19] 예루살렘에 세워진 최초의 교회도 마가라 하는 요한의 어머니 마리아의 집에서 모였었다(행 1:13). 예루살렘 교회는 베드로의 체포에도 불구하고 지속적으로 기도하였는데, 그가 석방된 직후에 제일 먼저 찾아간 곳도 역시 그 작은 교회였다(행 12:12). 가정에서 모이는 교회는 비록 작지만, 이처럼 강력한 힘을 발휘했다. 두 세 사람이 모여서 기도할 때에 하나님의 놀라운 응답을 체험하였다.

초대 교회의 가정 교회는 대략 40여 곳 이상으로 추정할 수 있을 것이다.[20] 지중의 연안의 작은 도시들마다, 어느 가정의 헌신으

---

19 Glenn F. Chesnut, *The First Christian Histories: Eusebius, Socrates, Sozomen, Theodoret, and Evagrius*. (Macon, GA: Mercer University Press, 1986). Eusebius, *The History of the Church from Christ to Constantine*, tr. G. A. Williamson (New York: Dorset Press, 1984).

20 Hitchcock, *Geography of Religion*(2004), 281, quote: "By the year 100, more than 40 Christian communities existed in cities around the Mediterra-

로 마련된 예배와 기도의 집회 장소들에 모였지만 서로 돌아보면서 격려하고, 소속된 성도들끼리 긴밀한 연대를 갖고 있었다. 건물은 웅장하지는 않았지만, 각 도시마다 은혜를 입은 성도가 제공하는 가정 교회가 왕성하게 세워져 나가고 있었다.[21] 여러 곳 작은 가정에서 모여서 차츰 구체적으로 형성되어진 초대 교회의 본질은 예수 그리스도의 십자가와 부활을 믿는 신앙에 기초하였다. 그 도시 안에 거주하는 성도들 사이의 교제와 연대 의식은 매우 긴밀하였다. 때로는 전체가 큰 규모로 모여서 예배와 교훈을 듣기도 했을 것이다(행 5:12, 19:9).

가정 교회의 집회에서 가장 핵심이 되는 일은 하나님을 향한 예배였다. 예배는 하나님에게 영광을 돌리는 일에 초점을 두고 시행되는 경배의 시간이다. 하나님께서는 예배하는 자를 찾으신다. 따라서 예배는 철저히 하나님 중심적이다. 또한 이렇게 예배로의 부름을 통해 하나님께서는 죄인들에게 은혜와 복을 내려주시고자 하신다(히 11:6). 공적인 예배는 참석한 성도가 생명의 은혜를 입게

---

nean, including two in North Africa, at Alexandria and Cyrene, and several in Italy."

[21] Wolfgang Simson, *Houses that Change the World* (Authentic Media, 2005), 79-101.

되는 경건의 체험 현장이기도 하다.[22]

참된 성도는 교회에서 드리는 공적 예배로 나아가 함께 경배를 올리는 모임을 포기할 수 없다. 히브리서에서 지적한 바, 아주 오래전부터 거짓 신앙을 가진 자들은 함께 모이는 성도의 교제와 공적인 예배 모임을 포기해 버렸다.

교회 안에서 교제는 하나님과의 만남이라는 수직적인 차원과 동료 성도들과 만남을 통해서 수평적 교제로 이뤄진다. 성도는 세상 속에서 살아가고 있지만, 세상에 속한 사람들이 아니다. 그럼에도 이 땅 위에 살아가는 동안 육체의 더러운 것과 이생의 자랑과 안목의 정욕으로 휩싸여 있다. 성도는 이런 것들에 빠진 자들과 확고하게 단절해 버리고, 오직 믿음을 가진 자들과 교제를 통해서 하늘나라의 위로와 상급을 소망해야만 한다.

믿음의 공동체는 사탄의 계략 때문에 거짓 교훈들로 속임수에 넘어가기도 하고, 함정에 빠지기도 하고, 심각한 위험에 처하기도 한다. 감언이설로 속이는 이단들에게 넘어가기도 한다. 성도들은 영적인 성장을 하지 못하고 침체에 빠지거나 영적인 무력증에 휩싸일 수도 있다. 불신앙의 미혹에 넘어가게 되면, 처음 사랑을 잃어버리거나, 은혜의 감격이 소멸되어지는 것이다. 이런 자들은 그

---

22 Ralph P. Martin, *The Worship of God* (Grand Rapids: Eermans, 1982), 17.

리스도의 몸인 교회의 모임에 참석하지 않는데, 이런 것들이 습관적으로 되어 버린 자들도 있다.

주님의 재림이 가까워올수록, 이러한 이유들로 인해서, 교회에 모이는 집회를 멀리하는 자들이 늘어날 것이다. 주님께서는 "인자가 올 때에 세상에서 믿음을 보겠느냐"(눅 18:8)라고 탄식하였다. 초대 교회의 모임은 이러한 주님의 경고를 기억하고 깨어 있으면서, 믿음을 강화하는 일에 최선을 다했다. 말씀에 따라서 예배하고, 교제를 나누던 공동체였다.

2장

사이버 교회, 온라인 예배가
성경적으로 합당한가?

2장

사이버 교회,
온라인 예배가 성경적으로 합당한가?

너무나 슬프게도, 현대 교회는 가장 본질적인 것들을 등한시 하고 있다. 교회가 참된 본질을 잃어버리는 것을 볼 때 안타깝고 가슴이 아프다.

참된 교회는 초대 교부들이 강조했던 거룩성, 통일성, 보편성, 사도성을 특징으로 한다. 또한 종교 개혁자들은 모든 참된 성도들이 보이는 판단 기준으로 세 가지 표지들(the marks of the true Church)이 있어야 한다고 강조했다. 세 가지 표지들은 첫째 순결한 말씀의 선포, 둘째 성례들(세례와 성찬)의 합당한 시행, 그리고 권징의 정당한 집행이다.[23] 벨직 신앙고백서 28항에 나오는 내용인데, 종교 개혁자들이 로마 가톨릭교회의 모순됨과 부패성을 지적하고자 이 세 가지 표지를 강조했다.

기본적으로 이 세 가지 참된 교회의 표지들을 갖추지 못하는 인터넷 매체나 온라인 교회의 화면상 예배는 참된 예수 그리스도의 교회에 속한 회원들의 공동체라 할 수 없다. 다만, 다양한 영상 매체들과 인터넷망으로 연결된 디지털 기술들은 지역 교회의 보조 수단으로 성도들을 양육하고, 교육하며, 돌봄의 프로그램에서 활용할 수는 있을 것이다.

1. 참된 교회란 무엇인가?

헬라어로 "교회"라는 단어는 두 용어에 근원을 두고 있는데, "kuriakos"(주께 속한 자들)이라는 단어에서 나왔고, 신약 성경에서 사용된 "ecclesia"라는 단어는 도시 국가의 백성들이 모인 집회를 의미했다.[24] 헬라어 "에클레시아"는 성도들의 모임이라는 의미로

---

[23] Edmund Clowney, *The Church* (Downers Grove: IVP, 1995), 101. Daniel Hyde, "Marks of a True Church," https://www.ligonier.org/blog/marks-true-church-introduction/.

[24] Millard Erickson, *Christian Theology* (Grand Rapids: Baker, 2013), 955.

예수님께서 처음 사용하였고(마 16:18, 18:17), 제자들의 공동체를 의미하는 것이었다. 사도행전 19장 32절에 사용된 것처럼, 한 지역에 모인 사람들의 집회를 뜻하는 단어다.[25] 하지만 하나님의 백성들이 모이는 기독교의 공동체 모임은 한 지역에서 함께 살아가는 성도들을 의미하였다(행 8:1, 롬 16:5).

첫째로, 교회는 그리스도의 몸이다.

교회의 이미지를 표현하는 성경적인 용어들은 무려 백여 가지에 해당하지만, 그중에서도 가장 대표적인 형태는 그리스도가 머리로서 연결된 하나의 "몸"과 "하나님의 집"이다. 교회는 하나님과 언약 관계를 맺은 사람들로 구성되며, 참된 모든 성도들의 공동체이다. 넓은 의미로 규정하더라도 이 교회에는 아담 이후 예수님 재림까지 하나님의 택하신 백성들로 이루어지며, 하나의 보편적 교회로 통일성을 이룬다. 동시에 사람의 눈에 보이는 구체적인 지역에서는 교회의 직분자들로 조직을 갖추고 예배와 권징을 실시하며, 국가와의 관계성을 유지한다.[26]

사도 바울은 예수님이 머리가 되시고, 모든 믿는 자들의 우주적

---

[25] Howard I. Marshall, *A Concise New Testament Theology* (England IVP, 2008), 37.

[26] Herman Selderhuis, "Church on Stage: Calvin's Dynamic Ecclesiology," in *Calvin and the Church*, ed. David Foxgrover (Grand Rapids: Calvin Studies Society, 2002), 46.

인 몸을 교회라고 불렀다(엡 1:22). 사도 바울은 성령 안에서 고린도 교회가 통일성을 이뤄야 한다고 강조하였는데, 성령의 세례를 통하여 주님과 연합하게 된다.[27] 고린도 교회에 참여하는 성도들이 알아야 할 사실이 바로 교회가 예수 그리스도에게 영광을 돌리는 "하나의 몸"이다(고전 12:12-31)라는 점이다.

둘째로, 교회는 하나님의 집이다.

이스라엘 백성들에게는 제사장들의 거룩한 직무가 시행되던 성전에 연계된 개념으로 "하나님의 집"(히 12:18-21)이라는 이미지가 훨씬 더 이해하기 쉬웠다. 하나님의 집 안에 구성원들은 유대인들과 이방인들이며, 각각 따로 개인별로 격리되는 것이 아니라, 공동체적이요, 집합적인 형태로 살아간다.[28] 교회는 하나님이 머물러 계시는 집이다(엡 2:19-22). 그리스도는 이 집의 가장 중추적인 위치에 놓인 "모퉁이 돌"이다(엡 2:20).

구약 성경에서 강조한 바대로, 하나님께서는 자기 백성들의 모임 가운데 임재하셨다(레 26:12, 출 29:45). 뿐만 아니라 신약 성경

---

[27] Calvin, Commentary on *the Epistles of Paul the Apostle to the Corinthians* (repr., Grand Rapids: Baker, 1981), 1:405.

[28] R. B. Kuiper, *The Glorious Body of Christ* (repr., Edinburgh: Banner of Truth, 1987), 37.

에서도 여전히 구체적인 장소에 모인 성도들과 함께 하셨다(고후 7:14).

그러나 지금 우리는 교회의 개념을 무너뜨리는 위험스러운 흐름에 빠져 있다. 디지털 기술 혁명이 완전히 달라진 세상과 환경을 만들어냈다. 스마트 폰은 5G 시대를 넘어서서, 빠르고 편리한 초고속 환경을 구현하였다. 과거의 전통적 개념들과 세계관이 완전히 바뀌고 말았다. 글로벌 커뮤니케이션 시스템이 구축되어지고, 인터넷망을 통해서 전혀 모르고 지내는 사람들 사이의 소통이 가능해졌다. 국가의 개념이나, 문화와 언어, 관습과 전통이라는 영역들이 갑자기 무너졌다. 이제는 인터넷으로 연결된 세상이 새롭게 생겨났다.

선교와 복음 전도의 도구로 인터넷 대중 전달이 유용한 수단이 되었다. 이제는 일일이 사람을 만나지 않더라도 복음을 전달할 수 있는 통신 매체가 주어진 것이다. 2005년 이후로, 이런 인터넷 디지털 기술화가 급속이 가속화되었다. 미국 풀러신학교 뎃와일러(Craig Detweiler) 교수는 요엘 헌터(Joel Hunter) 목사의 웹사트를 소개하면서 인터넷 교회를 사도 바울을 파송하는 것이라고 하면서 추천한다.[29]

---

[29] *Christianity today magazine*, September 2009 issue, 53.

그러면 이제 우리는 인터넷 교회와 영상 예배를 과연 어떻게 판단해야 하는가? 지역 교회와 달리, 사이버 교회라는 공간은 언제든지, 어느 때에나, 누구에게나 24시간 365일 열려 있다고 주장한다. 그러나 과연 이런 장점만으로 참된 교회라고 할 수 있으며, 이런 예배를 진정한 예배라고 할 수 있을까?

2. 사이버 교회와 온라인 예배 논쟁

비대면 예배를 선도하는 사이버 교회(Cyber church)의 온라인 예배(Online Worship)가 디지털 기술 문명의 빛과 그림자를 그대로 드러내고 있다. 필자는 아직 한국 교회 내에서는 사이버 교회, 혹은 인터넷 교회만을 운영하는 곳이 있다는 말을 듣지 못했다. 다만, 각 지역 교회가 보조 수단으로써 웹사이트를 활용하고 있는 정도로만 파악하고 있다.

그러나 전 세계적으로는 "스크린 세대"가 성장하면서, "영상"을 보는 것에 익숙해져 있다. 아주 어린아이들부터 시작해서, 거의 모든 것들을 다 화면 속에서 해결하고 있다. 스크린에는 모든 오락과 상업적인 수단들이 떠 있고, 엄청나게 편리하고 발전해서, 도무지 벗어날 길이 없게 되었다. 텔레비전을 보듯이, 컴퓨터 화면에서 모든 상업 거래를 하듯이, 스마트 폰을 통해서 문자와 동영상을 주고받듯이, 보는 것으로 해결하는 온라인 교회가 성행하고 있다. 초고속 인터넷망이 구축되어지고, 첨단의 컴퓨터와 스마트 폰이 출시되면서 사이버 교회, 인터넷 교회가 성행하고 있다. 대략 2006년부터 대형 통신 수단의 고속화에 편승하여, 데이터 저장 공간의 극대화가 이뤄지면서, 교회마다 유튜브, 페이스북, 컴퓨터 웹사이트에서 제공하는 교회 홈페이지의 동영상, 혹은 녹음 예배와 텔레비전에서 중계되는 예배 등 여러 가지 기술 문명이 동원된 다양한 예배들을 드리고 있다.

2020년도에 조사한 바에 의하면, 인터넷 플랫폼을 구성한 교회의 숫자는 2만 개를 넘어섰고, 4천 7백만 명이 접속하고 있다는 뉴스가 나왔다.[30] 한 예로, 2020년도 인터넷 예배로 드려진 미국의 한 지역 교회의 부활절 예배에 관한 보고를 살펴보자. 미국 버지니아주 리스버그(Leesburg)시에 있는 코너스톤 교회는 캘리포니아주 코스타 메사에 교단 본부가 있는 갈보리 채플에 속한 지역 교회이다. 코로나19 확산이 없었던 2019년도에는 약 11,800명이 참석했었는데, 교회당을 폐쇄하고 오직 인터넷으로만 드려진 2021년도 부활절 예배에는 3만 명 이상이 접속했다고 한다. 금년에는 더

---

[30] Robert Knight, "ONLINE WORSHIP: THE CYBER CHURCH BOOM,"(June 9, 2020). https://blog.timothyplan.com/2020/06/online-worship-the-cyber-church-boom/

욱 중요한 일이 벌어졌는데, 예배 후에 온라인 대화방에서 담임 목사 개리 햄릭(Pastor Gary Hamrick)이 강단에서 예수님을 영접하도록 호소하는 전도 초청에 약 1천여 명이 새로 믿기로 작정을 했다고 한다. 이러한 복음 전도의 성과는 한 지역에 있는 대형 교회가 있기에 가능한 일이다.

그러나 미국의 대형 교회라고 해서, 이처럼 대면 집회를 금하고, 온라인 예배로 전환하는 것은 아니다. 또한 모든 교회들이 뛰어난 기술과 고가의 장비가 있어야 제작이 가능한 높은 수준의 동영상 화면을 제공할 수 있는 것도 아니다. 그리고 이처럼 하나님께 나아가 절하고 경배하는 예배보다, 그저 편리한 장소와 시간에 들여다 보는 사람들이 많아졌다고 해서 온라인 예배가 더 성공적이라고 말할 수도 없다.

위에 소개한 사례와는 정반대의 경우를 살펴보자.

코로나19 바이러스가 확산 되어나가면서, 엄청난 위기가 닥쳐왔을 때에도 교회당에 모이는 집회를 고수하는 교회들이 있었다. 방역 당국의 지침을 준수하면서, 거의 모든 시민들의 야외 활동이나 여행이 대폭 축소되고, 모임이나 집회가 제약을 받고 있는 중에도, 일부 교회는 모임에 열심을 냈다. 지난 2년간 미국에서는 과연 집회 문제를 어떻게 풀어나가야 하는가를 놓고서 선택의 기로에 서 있었다고 해도 과언이 아니다.

2020년 3월 30일, 미국 플로리다주에 있는 탐파베이 교회는 정기적으로 드리던 대면 예배를 드리다가 로드니 하워드 브라운 목사(Pastor Rodney Howard-Browne)가 체포되었다. 힐프보로 카운티의 경찰 당국은 관내 모든 시민들이 기본적인 상업 활동 외에는 모두 다 실내에 머물러 있도록 하라는 규정을 어겼기 때문이라고 발표했다. 공중보건에 관한 긴급 규칙들과 집회 금지를 어긴 죄목으로 감옥에 며칠 간 구류 처분을 받은 후에 풀려난 브라운 목사는 교회가 위기의 상황에서 무엇보다 모임을 가져야 한다고 주장했다. 이로 인해서, 브라운 목사는 미국 전체 언론 매체들로부터 조심성이 없는 행동을 했다고 질타를 받았다. 감독관청에서는 이후에 모이는 실내 예배에 대한 강력한 조치를 발표했다. 교회 내에서도 거리두기를 철저히 시행할 것, 교회의 직분자들은 장갑을 착용할 것, 모든 교인들은 소독제를 지참할 것, 약 10만 불(한국 화폐로 1억여 원)을 들여서 병원 수준의 진단 장비와 청결 상태를 유지할 것 등을 명령했다. 브라운 목사가 체포된 직후 이틀 만에, 플로리다 주지사 론 데산티스는 교회들에게 온라인 예배로 대체해 줄 것과 집회 예배에서는 기본적인 것에 한정해서 모일 것을 발표했다.

플로리다주에 있는 다른 교회도 역시 폐쇄 조치를 당하자, 자동차를 타고 드리는 예배와 기도회로 전환했다. 샤디 솔리만 목사는

레이크 메리시에 있는 "레이크 메리 교회"(Lake Mary Church)의 개척 목사인데, 주일날에는 온라인 예배 방식을 사용하였지만, "오십일 작정 예배 주간"을 설정했다. 그는 원래 이집트에서 살다가 미국으로 이민을 온 목사다. 따라서 누구보다도 예배의 자유에 대한 열망이 대단했다. 부활 주일부터 오순절까지 50일 동안, 매일 저녁 7시에 주차장에다가 대형 화면 두 개를 설치하고, 변형된 집회를 인도했다. 평상시 주일날에 4회 예배를 드리는 것과 같이, 성도들은 자동차를 타고 주차장에서 대형 화면을 보면서 예배를 드렸다. 이웃들에게 소음 공해로 피해를 주지 않으려고, 자동차에 있는 FM 라디오 방송 채널을 통해서 모든 진행 상황을 알렸다.

참석자들은 꾸준했다고 한다. 주차장에 주차할 수 있는 최대 댓수는 155대인데, 대략 5백 명에서 6백 명이 모였다. 매일 저녁 2, 3백 명이 주차장에 모였다. 어린 아이들을 돌보아야 할 가정이 60퍼센트가 넘는데, 이런 어려움을 극복하고 많은 성도들이 모여들었다. 페이스북으로 중계되는 것에 접속한 성도들도 많았다고 한다. 이렇게 해서, 아무도 감염이 되지 않으면서도, 집회를 성공리에 이끌어 나갔다. 이사야서 33장 24절을 인용하면서, 시온에 사는 사람은 누구도 아프지 않으며, 그들의 죄가 사함을 얻었다고 선포하였다. 50일 작정 저녁 집회가 끝마치자, 6월 7일 교회당 안에 들어가서 예배를 재개했다. 솔리만 목사는 50일간에 걸친 연속 저

넉 예배를 회고하면서, "이것은 결코 작은 일이 아니었다. 우리 모든 사역자들이 최선을 다했다. 그러나 폭풍이 몰아칠 때에 숨지 않고, 폭풍 속으로 달려 들어가는 것이 바로 우리가 해야 할 일이다"고 회고했다. 이렇게 위기의 상황에서도 하나님을 찾으며 예배에 목숨을 거는 교회는 오늘도 살아서 하나님께 영광을 돌려 드리며 세상을 향해 복음을 힘차게 증거하고 있다.

3. "사이버 교회"의 문제점들

2000년대로 넘어서자, 초고속 인터넷망으로 연결된 정보 교환이 가능해졌다. 가히 인터넷 기술의 대혁명이 일어났다. 이러한 초고속 인터넷 접속 기술은 원래 미국 군부대에서 작전용으로 사용하던 것이 그 시초가 되었다. 그 후 이메일 교환 기술이 확산되었고, 전자 상거래와 주식 투자의 수단이 되었고, 이제는 거의 모든 분야의 상업 활동에 이용되면서, 디지털 혁명을 초래하게 된 것이다. 이제는 세계 모든 사람들의 상거래가 웹사이트와 스마트 폰에서 가능하다. 완전히 경제 활동의 패턴이 달라졌고, 가정에서의 삶이 바뀌고 말았다.

코로나19 펜데믹으로 대면 접촉이 불가능하자, 비대면 수단으로 교회에서도 혁신적인 디지털 기술을 활용하고 있다. 이미 웹사이트를 통해서 교회의 사역을 홍보하는 수준으로 사용되었지만, 이제는 완전히 교회 사역의 근간으로 자리를 잡아가고 있다. 이러한 기독교 신앙인들의 모임과 활동이 점차 확산 되더니, 어느새 아예 "인터넷 교회"가 탄생했다.

1. 인터넷망을 통한 교회는 모호하고 불완전한 개념들로 가득하다

불과 십여 년 사이에 전혀 상상도 못했던 용어들이 교회라는 이름으로 등장했다. "사이버 교회", "인터넷 예배", "디지털 교회", "온라인 교회", "블로깅 교회", "와어어드 교회" 등으로 이루 다 셀 수 없을 정도로 다양하다.[31] 사실 교회라는 명칭을 사용하고 있지만, 그 안에는 제대로 된 신학적 규정이나, 정확한 성경적 개념도 정립되지 못해서, 여러 가지 혼란스러운 이름들이 범람하고 있다. 인터넷에 연결된 상태에서만 진행하는 까닭에, 온라인 예배에는 지

---

[31] Walter P. Wilson, *The Internet church* (Word Publications, 2000). Heidi Campbell, *Exploring Religious Community Online: we are one in the network* (Peter Lang Publications, 2005). Brian Bailey and Terry Storch, *The Blogging Church* (Jossey Bass, 2007). Len Wilson, *The Wired Church 2.0* (Abingdon Press, 2008). Jesse Rice, *Church of Facebook: How the Hyperconnected Are Redefining Community* (David C. Cook; 2009). Douglas Estes, *Sim Church: Being the Church in the Virtual World* (Zondervan, 2009). Bill Easum and Bill Tenny-Brittian, *Under The Radar: Learning From Risk Taking Churches* (Abingdon Press, 2005). Patrick Dixon, *Cyber Church* (Kingsway Publications, 1997).

역 교회에 비해서 갖추지 못한 것들이 너무나 많다.

어떻게 해서 이런 변화가 초래되고 있는가? 최근 미국에서 발표된 통계를 보면, 젊은 세대들이 자신의 집을 떠나서 새로운 지역으로 이사를 하게 되면, 기존의 지역 교회에서 탈피해서 인터넷 교회로 가입하고 있다. 주로 18세부터 22세 사이의 젊은이들은 지역 교회에 정기적으로 출석하지 않는 비율이 70%에 이르고 있다. 인터넷 교회에 접속하는 회원들은 대다수가 젊은 층이다. 교회가 이처럼 특정한 세대로만 집결되는 곳인가? 아니다. 참된 교회는 연령이나, 성별이나, 지위나, 재산과 지식의 소유 등에서 완전히 초월해서 누구에게나 열려 있는 우주적 보편성을 갖고 있다. 인터넷 교회들이 지금 세계 곳곳에서 세워지고 있지만, 과연 그것이 교회라고 할 수 있을까? 컴퓨터나 스마트 폰으로 연결이 된다 하더라도, 여전히 인격적인 접촉이 결여되어 있기에 교회라고 할 수 없다.

2. 인터넷 기술은 두 종류의 부류로 양극화를 초래한다

인터넷 교회의 최대 장점이자, 최악의 문제는 사람들을 나눈다는 사실이다. 인터넷 기술에 접속할 수 있는 계층과 이런 디지털 기술 문명에 접근이 불가능한 빈곤층 사이의 양극화는 정말로 극심하다. 컴퓨터 사용이 편리한 젊은 세대와 스마트 폰을 비롯해서

태블릿 등 고가의 전자 제품을 구입할 수 있고, 그것들의 사용에 따르는 상당한 막대한 비용을 지불할 수 있는 사람들은 인터넷 교회에 가입할 수 있다. 그러나 가난하거나, 인터넷망이 제대로 구축되지 못한 사람들은 전혀 접촉할 수 없다. 부익부 빈익빈이라는 양극화 현상을 그냥 못 본 체 하는 인터넷 교회를 향해서 비판을 가하지 않을 수 없는 부분들이다. 교회의 본질에 해당하는 인간관계가 없고, 성례의 시행과 성도의 교제와 권징과 봉사가 없어서, 전통적인 성경적 해석의 개념으로 볼 때에 가히 교회라고 할 수 없다.[32] 너무나 첨단화된 기계 기술 문명의 방법들로만 채워져 있어서, 사람이 대면하여 인격적인 교제를 나누는 방식은 전혀 찾아볼 수 없다. 우리가 사용하는 디지털 기술 문명에 의존하는 예배가 결코 해결책이 아님을 직시해야 한다.

3. 선교와 복음 전파의 보조 수단으로는 사용할 수 있다

필자가 검토해 본 자료들 가운데서, 선교 사역을 위하여 활동될 수 있는 인터넷 기술들이 있다. 보이지 않는 사이버 교회가 어떤 특수한 상황에 처한 분들에게는 도움을 줄 수 있다. 예를 들면, 아

---

[32] Gordon MacDonald *Who Stole My Church?: What to Do When the Church You Love Tries to Enter the 21st Century* (Nashville: Thomas Nelson Inc, 2008).

라비아 반도 주변의 모슬렘 지역에서 교회에 대한 반감이 극심하다. 모슬렘 지역에서는 사람들의 눈에 잘 드러나지 않는 선교 사역을 할 수밖에 없다. 이런 경우에는 지역에서 건물을 갖추고 활동하는 교회에 비해서는 많이 부족하지만, 디지털 기술을 활용하여 사이버 모임을 가질 수 있을 것이다. 혹 사이버 교회라는 용어를 사용할 수도 있다. 다시 말하지만, 걸프 지역에서는 여성이 외부 사람들과 자연스럽게 교제를 나눌 수 없는 사회적 압박이 있다. 여성들은 집이나 직장을 제외하고는 외부로의 여행이 자유롭지 못하고, 그들과 전혀 다른 타 인종과의 교제는 매우 위험할 뿐만 아니라, 더욱더 교회의 회중과 어울리는 것은 불가능하다. 따라서 아주 은밀하게 사역하는 인터넷 모임에 접속해서 신앙생활을 배우고, 성경을 공부하면서 성장시켜 나가는 등, 약간의 도움을 제공할 수 있을 것이다. 그 중에서도 "싱글 맘"이나, "워킹 우먼"들이 도움을 많이 받는다는 회신을 대화방에 남기고 있다.

북아프리카 에티오피아에서 개설한 사이버 교회에는 주변에 사는 소말리아와 에리트리언(Erythrean)들이 참여하고 있다고 한다. 인구 백만 명 가운데서 35%가 에티오피아 정교회 소속인데, 압도적으로 많은 모슬렘들 중에서도 인터넷 교회에 참여하고 있다는 보고서가 나왔다.[33] 노르웨이에서 유학한 후, 에디오피아로 돌아온 목사가 이끌고 있는데, 대체로 노르웨이 개신 교회의 목회 방식을 활용하고 있다. "팔탈크 사이버 교회"에 참여하는 사람들의 연령은 25세에서 40세 사이라고 한다.

1) 사이버 교회의 영상 예배에서도 설교가 가장 중요한 부분인데 통상 지역 개신교회처럼 30분 이내로 한다.
2) 찬양은 마이크로폰을 사용하는 인도자가 앞장서서 부르며 화면을 사용하고 CD로 만들어서 보완을 한다.
3) 매일 저녁마다, 각기 토론 주제들을 정하여서 회원들이 상호 의견을 나누는 시간을 갖는다.
4) 성경 공부 시간에는 탁월한 신학 교수들이 성경 각 책을 연속적으로 강해를 한다.
5) 환자들과 고난 중에 있는 성도들을 돌보는 전인 돌봄이라는 프로그램도 운영한다. 그리고 병자들과 가난한 자들에게 구제 헌금을 모아서 보내는 일을 한다.

---

[33] Teffera Legesse Yohannes, "The Cyber Church: How it is understood by its participants, with special reference to the Ethiopian Christians Plus all Room in Paltalk."(M.A. thesis, MF Norwegian School of Theology, 2017), 23-32.

6) 아이들끼리 영어로 대화를 나누는 시간을 정해서 전 세계적으로 참여케 하고 있는데, 대화방에는 자신들의 모국어가 다양하다고 한다. Hebrew, Turkish, Dutch, and Italian, France 등이다. 이 시간에 참여가 많다고 한다.
7) 증거의 시간이 있는데, 병 고침과 은혜를 받은 간증을 나눈다.
8) 현재의 다급한 정치와 사회 문제를 다루는 대화의 시간이 있다. 실제적인 토론의 효과가 크다고 한다.

위에서 보여주는 사역들은 어떤 특수한 상황에서 상호 교류의 수단으로 인터넷 교회와 온라인 예배가 활용될 수 있다는 가능성을 제시한 것이다. 그러나 엄밀히 말하면, 위에 내용들은 "교회"라기보다는 "사이버 교제"(cyber-fellowship)라고 하는 것이 정확한 평가일 것이다.

4. 인터넷 교회에 없는 것들

이제 인터넷 교회에 없는 것에 대해서 면밀하게 살펴보자. 지역에 있는 교회는 구체적인 공동체의 외형만을 갖추고 있는 것이 결코 아니다.

첫째, 사이버 교회의 회원들은 '닉네임'으로 활동하기에, 전혀 인격적인 신실성이 없다. 그렇지만 지역 교회는 성도들의 신앙을 지도하는데 있어서는, 목회자들이나 교회 지도자들이 각 성도에게 아주 구체적이고, 상세하게, 개별적인 특성을 고려하면서 생산적인 대안들을 제공한다. 반면에 사이버 교회에 속한 사람들은 인터넷에서 사용하는 가상의 이름을 사용한다. 그들의 진짜 이름은 "닉네임"이나 이메일 이름 속에 감춰져 있다.

이름도 모르고, 배경도 알 수 없고, 어떤 단계의 신자인가를 전혀 알 수 없다는 것은 정말로 큰 문제를 야기한다. 신앙생활을 하는 본인의 정체성이 어물쩡하게 숨어있다는 것은 결국 자신의 문제를 진지하게 처리할 수 없게 된다. 사이버 교회의 회원들은 누구인지? 무엇을 하는지? 각자의 인격에 대해서 구체적인 정체성을 알 수 없다. 사이버 교회에서는 가짜 신자가 진짜 성도처럼 위장하여 활발히 활동할 수 있다. 거짓된 목회자가 교묘하게 성도들을 속일 수도 있다. 사이버 교제의 공간에는 진실이라는 것이 없다. 정의롭고 공정한 기준도 없다.

둘째, 사이버 교회는 지역 교회를 불신하는 벽을 더욱 높이 쌓는다.

지역 교회에 전혀 출석도 하지 않고, 봉사에도 참여하지 않는다면, 정말로 큰 문제다. 사이버 교회가 지역 교회를 대체할 수는 없다. 어디까지나, 보조 수단에 불과한 것이다. 사이버 교회는 '보편성'과 '글로벌 시대의 우주적 차원'을 강조한다고 하였는데, 과연 어찌해서 지역 교회와는 차별화를 하고 있는 것인가?

셋째, 사이버 교회의 목회자들에게는 신학적인 신뢰성을 점검할 방법이 없다.

더구나 사이버 교회의 목회자들이 지역 교회의 목회자들과 연대를 하거나, 지역 교회 협의체에서 함께 활동을 한다거나, 교단에 소속하여서 공동체의 신앙 고백에 기초한 목회 활동을 하지 않는다면, 그야말로 사이버 교회의 신학적인 난맥상은 수습이 불가능하게 된다. 성경에 기초한다고 하지만, 사이버 교회에서 제공하는 설교와 성경 공부가 과연 어디에 근거를 둔 것인가? 확인할 길이 없다. 필자는 한국에서나 해외에서나 "복음적인 교회"라는 용어를 사용하는 교회들을 많이 보았는데, 전혀 복음과는 거리가 먼 혼합주의와 신비주의, 자유주의 신학이나 현대 신학에 영향을 깊이 받은 교회들도 많이 보았다.

넷째, 사이버 교회에서는 성례를 시행할 수 없다.

종교 개혁자들이 은혜의 방편으로 강조했던 세례와 성찬을 시행할 방법이 없다. 더구나 성례를 시행할 방법이 없으므로, 아예 성례가 필요 없다고 제외시키고 있다. 혹은 성례를 간절히 원하는 경우에는 온라인에서 변형된 형식을 시행한다. 그러나 지역 교회에 나가서 성례를 참여하도록 지도하는 것이 바른 방법이다. 특히, 결혼 예식의 경우에도 목회자는 상대방의 준비 상황에 대해서 전혀 확인할 방법이 없다.

다섯째, 인터넷 교회에서 권징을 시행할 수 없다.

물론 인터넷 교회에서는 지역 교회가 하는 방식과 비슷하게 약간의 규정을 정해놓고서, 회원들이 이를 준수하고 따라야 한다고 말한다. 그러나 이런 방식은 결코 신앙생활에 대한 권징이라고 볼 수 없다. 인터넷 활동에 대한 약간의 윤리 규정일 뿐이다. 인터넷 공간에서는 자신의 죄성과 부족함을 인정하고, 철저히 눈물로 회개하는 인격적인 훈련을 찾기 어렵다. 또한 인터넷 접속자들은 얼마든지 기계적으로 자신의 입장과 활동에 대한 조작이 가능하다. 기능적인 사항을 잘 따라서 접속하는 사람이라면, 아무런 죄도 범하지 않는 성도이자 탁월한 지도자라고 말할 것인가? 우리는 보이지 않는 장소에서 어떤 삶을 살아가는지 도무지 알 수 없는데도, 인터넷 교회에서는 접속 규정을 잘 이행하는 사람이라면 훌륭한 성도들이라고 인정할 것인가?

이상의 다섯 가지를 논점들을 근거로 할 때에, 사이버 교회 혹은 인터넷 교회는 참된 교회라고 할 수 없다. 성경에 명시된 바와 같이, 모이는 구체적인 장소와 성도들의 조직체가 없는 곳은 참된 교회로 인정할 수 없다. 어떤 지역 교회를 근거로 삼지 않는 사이버 교회는 참된 교회로 인정할 수 없다. 서두에 설명한 바와 같이, 참된 교회는 세 가지 표지들이 분명히 드러나야만 한다.

5. 사이버 세계와 디지털 문화에 대한 비판

현재 코로나19를 대처하는 한국 의료 체계는 전 세계의 최상급에 해당한다. 따라서 전면적으로 바이러스의 위협을 받는 지역과는 달리, 열심을 내어서 교회에 나가야 한다. 교회는 코로나19 펜데믹 현상과 집합 금지 조치의 대안으로 온라인 종교 활동을 대안으로 사용하고 있다. 특히 스마트 폰에서 유튜브 동영상과 소셜미디어, 인터넷과 텔레비전 스크린만 바라보면서 드리는 방송과 영상 예배가 활성화 되고 있다. 그러나 교회가 사용하는 디지털 기술 문명에 대해서 철저한 윤리적 기준과 선별하려는 강력한 절제가 없다면, 성도들의 신앙 성숙은 요원하게 될 것이라는 염려를 금할 수 없다.

가상 공간(cyber-space)에서 만들어지는 가상 세계의 현실(cyber-world)은 매일 세속화와 상업화로 치닫고 있는 디지털 기술 문명이 주도하고 있다. 디지털 기술 문명은 그 자체로서 기독교에 거역하거나 대적하는 요소는 아니지만, 이것을 활용하는 자들의 문화와 정서는 편의성을 넘어서서 지극히 상업적이요 쾌락적이며 비인격적이다. 우리는 분명 디지털 혁명이라고 불리는 세상을 거역할 수는 없다. 날마다 가상 공간에서 상호 의사 소통과 정보의 신속한 전달을 좌우하고, 사업을 주도적으로 지배하고, 운동과 오락을 조정하는 사회 속에서 살아가고 있다. 디지털 미디어가 우리 생활의 모든 분야에서 매일같이 중요한 기능을 광범위한 영역으로 확장해 나가고 있는 현실을 부인할 수 없다. 하지만 기독교 신앙과 기술 문명 사이의 상관관계가 그리 명확하지 않지만, 신학적 성찰과 교회의 반성이 함께 수반되어야 할 형편이다.

1) 디지털 문화에 대한 신학적 태도

교회와 관련해서도 웹사이트가 교우들과의 소통을 담당하는 가장 중요한 플랫폼이 된지 오래 되었다. 인쇄된 주보나 책자가 필요 없다는 말이다. 이런 정도의 변화는 성도들의 마음과 생활을 좌우할 수 있을 정도는 아니지만, 유튜브 예배로 전환하는 것은 모이는 예배를 중심으로 삼던 지난날의 교회 역할에 대해서 심각한 문제를 야기시킬 수 있다.

디지털 문화가 어떻게 우리의 존재 속에서 작동하는가에 대해서 신학자들의 의견이 분분하다. 온라인 종교 활동은 불교, 힌두

교에서도 활발하다.[34] 미국 교회에서는 릭 워렌(Rick Warren) 목사가 새들백 교회에서 활용하고 있다.

첫째로, 일부 신학자는 디지털 기술이란 마치 해방자와 같다고 칭찬한다. 대단히 낙관적인 관점에서 디지털 문화와 기술을 받아들인다. 이들은 디지털 문화 환경이 교회를 위해서도 더 많은 정보와 방법들을 제공할 수 있다고 믿는다. 더 많은 사람들에게 복음을 전달할 수 있고, 더 많은 영향을 미칠 수 있으리라 확신한다. 코로나19 펜데믹 상황하에서, 전 세계적으로 사이버 교회와 인터넷 교회는 날로 확장을 거듭하고 있고, 폭발적인 반응이 나타나고 있다.

둘째로, 디지털 문화를 압박자, 강압적인 지배자로 보는 견해가 있다. 디지털 문명을 비관적으로 접근하는 입장이다. 기술 문명은 사람들이 진실하다고 생각한 것들을 파괴하고 있다고 보는 것이다. 기술 문명의 본질이란 사람의 얼굴을 맞대고 살던 관계를 파괴하는 보이지 않는 파괴자가 될 수 있다. 수많은 섹스 관련 동영상들은 윤리와 도덕적 기준을 무참히 파괴하고 있다.

셋째로, 디지털 문화를 중간자의 관점에서 인정도 하고, 비판도

---

[34] Giulia Evolvi, "Religion, New Media, and Digital Culture," Oxford Research Encyclopedias, Religion. https://doi.org/10.1093/acrefore/9780199340378.013.917

하는 입장이 있다. 디지털 미디어의 가공할 위력을 인정할 수밖에 없는 것이, 이미 사회적 구조이자, 기관적인 가치로 자리를 잡아버렸다. 코로나19 펜데믹 상황에서 흥미도 없고, 기쁨이나 즐거움도 줄어들고, 전달 효과도 훨씬 줄어들었지만, 줌으로나 동영상으로 수업을 대체할 수밖에 없다. 이런 상황에서라도, 영상 매채의 사용자들은 창조적인 적응을 해야만 한다. 그래서 지금 전 세계 교육 기관들은 디지털 문화에 감격해 할 수밖에 없는 처지가 되었다. 그러나 동시에 인간적인 힘과는 확실히 차이가 크다는 면에서, 기술 문명의 한계는 분명하다.

2) 디지털 문화 속에 숨어 있는 죄악들

하나님이 창조한 자연 만물을 활용하여, 인간은 다양한 기술 문명을 창출했다. 디지털 문화는 가장 첨단의 기술 산업이라서, 엄청난 정보를 교환하고, 저장하고, 재생산할 수 있다. 하지만 정확성과 사실성은 그 누구도 보장할 수 없다. 그러니 디지털 시대의 기술 문명을 활용하는 것은 좋지만, 참되고 순결한 내용을 찾을 수 없다는 문제가 등장한다. 디지털 기술 문명의 가치는 인정할 수 있지만, 과연 세속화의 도구로 전락할 수 있다는 점을 간과할 수 있을까? 디지털 기술 문명이 가치중립적인 수단이라고 말할 수 없다. 인간이 만들어낸 최고의 기술 문명으로서 편리하고 유익한 면도 많이 있지만, 역시 이 문명 속에서도 모든 사람이 행복하다고는 말할 수 없을 것 같다.

청소년들과 젊은이들 사이에 유포되는 성행위 동영상은 건전한 가치관을 파괴할 뿐 아니라 인격 파괴의 온상이 되고 있다. 2020년에 적발된 'N'번방 사건은 디지털 문화가 얼마나 타락할 수 있는가를 적나라하게 보여주었다. 사회적 공분을 자아낸 사건들은 그 외에도 다양하다. 컴퓨터 게임방에서 출발하여 빚어지는 끔찍한 범죄들이 도처에서 무고한 피를 흘리고 있다.

3) 디지털 문화의 양면성: 가상 공간을 지배하는 물신주의와 쾌락주의

우리가 살고 있는 시대는 산업화, 정보화를 넘어 선 디지털 시대이다. 우리의 모든 생활 수단이 다 디지털 기술 문명으로 가득 차 버렸다. 그러나 얼마나 인간에게 영향을 끼쳤고, 사회 환경과 인간관계에 문제를 야기했는지에 대해서는 아무도 반성을 하지 않는다. 사용자와 미디어 대상 사이에 어떤 '네트워크'가 작동하는지 구분도 할 수 없다. 과연 한국의 네이버나 미국의 구글이 얼마나 대중에게 유익한 콘텐츠를 잘 조직하고 있고, 구조화된 자료를 만들고 있는지도 알 수 없는 노릇이다. 얼마든지 정보를 제공하는 쪽에서 평가를 바꿔놓을 수 있다. 인터넷 검색창과 모바일 상품

거래, 주식 매매와 각종 언론사의 보도들도 역시 새로움에 의해서 지배를 당하기는 마찬가지다.

더구나 디지털 세상에서 "나는 누구인가?"라는 질문은 아무런 의미가 없다. 진정한 인격과 한 사람의 존재는 큰 문제가 아니다. 그저 디지털 세상 속에서 존재하느냐 하지 않느냐로 구별될 뿐이다. 디지털 세상에 들어와 있지 않은 사람들은 전혀 상관이 없는 이방인이요, 미개인이요, 문맹인일 뿐이다. 마치 우주 비행선이들어왔는데, 아직도 말을 타고 다니는 사람이 옆에서 놀라는 것과 같기 때문이다.

다시 질문으로 돌아가서, "온라인"과 "오프라인" 사이에는 무언의 대립과 갈등이 있다. 인간과 기계 사이에 무슨 관계가 있는가? 따라서 디지털 세상을 살아가는 사람들이야말로, "무엇이 실제이며, 무엇이 가상적인 형태인가를 구분하지 못하게 된다. '온라인'의 세계 속에서는 그 어느 누구도 모든 진실을 다 말하지 않는다. 디지털 세상에 살아가는 사람이 자아의 정체성을 정립하기가 쉽지 않다.

교회에서도 출석 예배가 불가능하게 되자, 유튜브로 예배를 중계하거나, 미리 녹음을 해서 성도들이 참여하도록 하고 있다. 이런 경우에 그 편리함은 이루 말할 수 없이 여러 가지로 열거될 수 있다. 그러나 문제는 성도들의 신앙 인격 형성이 왜곡 되어질 수

있다는 점이다. 순종과 헌신을 기본으로 하는 봉사와 교제를 통한 인격적 성숙은 불가능하게 된다.[35]

특히 디지털 문화에서 생성된 것이 가상 화폐이다. 고대 시대부터 사용되어온 화폐란 노동의 대가를 숫자로 표현한 것으로 받아들여졌다. 물물교환 시대의 불편함을 덜어보려고, 일정한 노동을 품삯으로 환산하여 지불하였다. 성경에 등장하는 달란트, 데나리온, 세겔 등의 화폐가 다 이러한 원리를 적용한 것들이었다. 그러나 '비트코인'이라는 가상 화폐는 그야말로 컴퓨터상에서의 희소가치가 작용하는 것일 뿐이다. 채굴해 내기가 매우 어려워서, 소유하려는 사람이 많은데 실상은 숫자가 적기에 발생하는 희소가치는 '허망한 것'일 수 있다. 다이아몬드를 비롯한 모든 보석들은 희소가치 때문에 최고가의 재물로 인정을 받고 있다. 금이나 보석 등도 역시 이러한 희소성 때문에 일정한 가치를 인정받고 있다. 그러나 황금과 보석을 하찮게 여기는 사람에게는 전혀 무가치한 것이다. 억만금을 준다 해도, 아무리 명품이라 해도, 유명 회사가 제작한 값비싼 액세서리나 옷이라고 해도, 그저 무덤덤하게 바라보는 사람에게는 의미가 없는 무용지물이 되고 마는 것이다. 디지

---

35 Walter Marshall, *The Gospel Mystery of Sanctification* (Reprint edition; Grand Rapids: Reformation Heritage Books, 2021).

털 문화가 선망하는 '비트코인'은 물신주의에 빠진 세속화된 인간 문화의 전형이다.

마치 주식 거래, 도박 사이트, 경마, 경륜 등, 일확천금을 노리는 것들에 중독된 사람들을 건져내기 어려운 것처럼, 디지털 가상 공간에서 만들어진 화폐에 빠진 사람들도 역시 벗어나기 어렵다. 마약이나 중독성 환각제 등은 암흑가에 지배자들이 장악하여 치부하면서, 수많은 청소년들을 미혹하고 있다. 마피아 조직들이 불법을 자행하는 사업들로 인해서 쾌락주의가 독버섯처럼 자라나고 있는 것이다.

필자가 가장 싫어하기도 하고, 안타까워하는 일은 사람들이 그저 아무런 생각 없이 디지털 오락과 게임으로 시간을 낭비하는 장면이다. 손가락 장난에 불과한 오락적인 게임이나, 가상적인 시합들은 필자가 보기에는 아무런 의미도 없다. 전혀 인격 형성에 도움이 되지도 않으며, 헛된 낭비에 불과하다. 그러나 그 시간과 재물을 마냥 낭비하는 손가락 장난에 빠져든 사람들이 너무나 많다. 전 세계 지하철이나, 비행기에서나, 철도로 여행하는 시간이나, 디지털 게임과 오락은 보편적인 현상이 되었다. 더구나 한국이 게임 산업으로 외화를 엄청나게 벌이들이고 있다고 하니, 필자는 세계 모든 사람들에게 미안하기 그지없다. 한국인들의 게임 기술로 인해서 세계인들을 환각의 차원으로 끌어들여서 엄청난 재물을 받아내고 있는 것이다.

한번 디지털 오락에 빠진 사람들은 좀처럼 헤어 나오지 못하고 경쟁을 하는 것에만 집중하게 된다. 얼마나 많은 세계 인구가 수많은 게임들에서 돈을 잃고, 낭패를 보고 있는가! 게임의 재미에 빠진 어느 젊은 여성은 아이에게 음식도 제공하지 않아서, 결국 안타까운 죽음으로 내몰았다. 기가 찰 노릇이다. 가상 공간에서 게임을 하고 난 후에, 그녀는 전혀 변하지 않은 시공으로 다시 돌아왔을 것인데, 앞으로 남은 생을 어떻게 이어갈 것인지 안타깝기만 하다.

예수 그리스도의 선하심과 아름다움과 영광이 없는 세상의 문화는 결국 허망하다. 보는 눈과 듣는 귀를 즐겁게 하여주는 것처럼 보이지만, 세상의 문명 세계에는 참되고 진실한 내용이란 전혀 없다. 인기와 재물을 더 얻고자 하는 일은 마치 바람을 잡으려는 것처럼 공허함에 빠지게 한다. 예수 그리스도의 인격, 용서와 사랑과 평화와 진실함이 없는 곳에는 헛바람이 가득할 뿐이다. 솔로몬이 일생을 통해 체휼하면서 깨달은 "헛되고 헛되니 헛되고 헛되도다"(전 1:2)라는 말은 만고의 진리가 아닌가!

3장

교회의 모임 속에
함께하는 성령의
사역들

3장

교회의 모임 속에
함께하는 성령의 사역들

한국 교회는 모이는 예배를 정상적으로 회복하여야만 한다. 지금 가장 시급한 문제는 2020년 봄에 시작된 예배 금지 조치가 변형된 바이러스의 확산으로 인해서 2021년에도 벗어날 길이 없다는 사실이다. 거의 2년 가까이 교회가 모임을 축소하였다. 교회에서 나누던 교제와 식사는 전면 금지되었다. 이런 가운데 한두 달 정도 교회에 출석하지 않게 되면서, 상당수 성도들이 자신들에게 편리한 프로그램을 제공하는 교회로 찾아서 옮겨가거나, 아예 교회를 떠나고 만다는 사실이다. 지금처럼 코로나19 팬데믹이라 하여서 계속 교회의 문을 닫아둔다면, 점차 교회는 힘을 잃을 것이며, 문을 닫는 숫자가 늘어날 것이다.

반대로, 지금과 같은 극한 상황에서도 교회가 더욱 부흥되는 현장도 있다. 목회자가 살아있고 공동체 소그룹이 튼실한 교회는 부흥을 하고 있다. 특히 청교도 신앙의 유산을 계승하면서 지켜 나가고 있는 교회들은 조금도 흔들림이 없이 모이는 예배에 힘쓰고 있다. 청교도 신앙에 근거한 교회들은 지금도 주일 오전과 오후, 두 차례 예배를 통해서 주일날은 오직 예배에 최선을 다하는 생활을 하고 있다. 예배와 말씀 연구와 자녀들의 신앙 교육에 최선을 다하면서, 온전한 헌신을 이어가고 있다. 오전 10시에 드리는 주일 예배 전후로는 교리문답서 공부가 있다. 주일 오전에 예배와 교리 공부반을 마치고, 모두 다 가정으로 돌아가서 온가족이 점심 식사를 나눈다. 그리고 다시 오후 5시에 주일 오후 예배를 드린다. 물론 각 예배에는 자녀들도 동반하며, 철저히 신앙 교육을 실시하고 있다.

필자가 가장 성경적인 교회 전통을 지켜 내려오고 있는 미국 청교도들의 예배 현황을 직접 확인해 보니, 펜데믹 상황에서도 방역 조건들을 준수하면서 교회에 나와서 드리는 집회를 중단하지 않고 지속하고 있다.[36] 필자는 펜실베니아주 피츠버그에 있는 "제네바 대학교"를 세운 청교도들의 후예들이 모이는 교회를 찾아가 본

---

[36] 김재성, 『청교도, 사상과 경건의 역사』(서울: 세움북스, 2020).

적이 있다. 도리어 이런 어려운 상황에 처해서도, 더 많은 성도들이 교회의 예배와 기도 모임에 참석하고 있다. 물론, 청교도 신앙 전통을 지키고, 조상들의 신학적 유산을 계승하는 이들 교회들도 홈페이지에 설교 동영상을 제공하고, 유튜브로 예배 실황을 올려놓고 있다. 그런 방편들을 거부하는 것이 아니라, 교회 예배와 모임을 지속적으로 유지하면서, 예외적으로 도움을 주는 방법들을 활용하고 있는 것이다.

이제 우리는 성경적인 교회론과 예배에 대한 교훈들을 살펴보고자 한다. 왜 성도들이 공적인 모임의 장소인 교회에서 예배를 드려야 하는가? 왜 모여야 하는가에 대해서는 예배의 본질적인 요소들을 살펴보는 가운데 그 대답을 찾아보기 바란다.

1. 공적인 예배에는 하나님의 특별한 임재가 있다

공적 예배 시간에는 하나님의 특별한 임재하심이 있다. 어떻게 하나님께서 임재하시는가? 성도들이 능동적으로 이 예배에 참여하는 방법은 무엇인가? 어느 교회에서나 예배를 강조하지만, 찬송, 성경 봉독, 기도, 설교, 성례의 시행 등에서 다소 교단마다 신학적인 해석의 차이가 있다. 그러면 대부분의 교회가 예배를 진행하면서 이런 내용들을 포함하는 이유는 무엇인가? 참된 내용으로 하나님께 올려지는 공적인 예배는 그냥 사람들만 모였다가 흩어지는 공허한 행사가 아니다.

예배에 임재하시는 하나님은 비록 사람의 눈으로 볼 수는 없으나, 저 멀리 높은 곳에 떨어져 있지 않다. 하나님께서는 긴밀하게 자기 백성들의 예배를 받으시고, 사랑으로 지켜보시며, 은총과 긍휼하심으로 모든 것들을 들어주신다.[37] 찬양을 받으시고, 기도를 들어주신다. 성례에 순종하면서 참여하는 자들의 심령을 헤아리신다. 하나님께서는 성도들의 간증과 고백을 받으신다. 하나님의 말씀이 선포되는 가운데 함께 하신다. 신실하고도 정확하게 말씀이 선포되어지도록 확신을 주시고, 듣는 자에게나 전하는 자에게나 힘을 주신다.

> "오라 우리가 굽혀 경배하며 우리를 지으신 여호와 앞에 무릎을 꿇자 그는 우리의 하나님이시요 우리는 그가 기르시는 백성이며 그의 손이 돌보시는 양이기 때문이라 너희가 오늘 그의 음성을 듣거든"(시 95:6-7).

---

[37] W. Robert Godfrey, *Pleasing God in Our Worship: Biblical Principles for Entering His Presence* (Wheaton: Crossway, 1999).

참된 예배는 어떤 특별한 종교적인 감정에 사로잡히는 특이한 행사가 아니다. 이단 종교들은 극단적인 장면을 연출하면서 감정적인 만족과 체험을 하도록 유도하는 경우가 많다. 하지만 하나님의 임재하심은 그러한 신비적 체험으로 느끼는 것이 아니다.

물론 참된 예배에서 성도들은 하나님과의 영적이며 인격적인 교제를 나누고, 따뜻한 심정을 회복한다. 임재하시는 하나님께서는 기쁘게 경배를 받으시고, 성도들에게 영감을 주시며, 부흥이 일어나게 하신다. 다시 강조하면, 성도가 다 같이 모인 공적인 예배에는 하나님의 특별한 임재가 함께 한다.[38] 참으로 하나님께서 그곳에 계시면서 기도와 찬양을 들어주신다. 즉 자기 백성들이 찬양을 올리는 것과 기도로 아뢰는 내용들을 들어주신다. 동시에 하나님께서는 말씀의 사역자를 통해서 자신의 뜻을 선포하신다. 성례와 말씀 가운데서 장엄한 하나님의 의지와 계획을 들려주신다.

교회 안에서 예배를 올리는 자들 사이에 직접적으로, 또 즉흥적으로 계시를 내려주시는 것은 아니다. 그런 내용들은 주로 퀘이커파에서 주장했었다. 하나님께서는 은혜를 내려주시는 수단들을 사용해서 말씀하신다. 교회 안에서 친히 이런 수단들을 미리 지

---

[38] Frank J. Smith, "What is Worship?" in *Worship in the Presence of God*, eds., Frank J. Smith & David C. Lachman (Greenville: Greenville Sminary Press, 1992), 11.

정해 놓으셨다. 말씀이 선포되는 가운데서, 합당한 설교와 축도가 시행되는 경우에, 하나님은 친히 말씀하시는 것이다.

말씀에서 확신을 얻은 루터는 1521년에 바르트부르크 성에서 숨어 지내면서 신약 성경을 독일어로 번역했고, 이는 유럽 전체 세계에 완전한 복음을 증거 하는 결정적인 계기가 되었다.[39] 칼빈과 대부분의 종교 개혁자들은 "하나님의 말씀에 입각해서 전달되는 설교를 하나님의 말씀이다"라고 강조한 바 있다.[40] 그냥 성경을 읽는 것으로 끝나는 것이 아니었고, 성경에 따라서 예배의 모든 내용을 결정하였다.

하나님께서는 성례가 진행되는 가운데서도 임재하시고 말씀하신다. 세례와 성찬은 수많은 논쟁을 거치면서 더욱더 예배의 핵심 요소로 자리잡혔고, 그 내용에 있어서도 점차 더 성경적으로 정립되었다. 칼빈은 우리 영혼이 천상으로 올려져서(sursum corda, "Let us lift up our hearts") 참여하는 바, 영광스러운 하나님의 우편 보좌에 계신 예수 그리스도의 영적인 임재에 함께 참여하게 되는 성례를 강조하였고, "이해하기 보다는 오히려 체험한다"고 고백했다.[41]

---

39 Heinrich Bornkamm, *Luther's World of Thought*, tr. Martin H. Bertram (Saint Louis: Concordia, 1958), 282.
40 Calvin, *Institutes*, IV,x,30.
41 Calvin, *Institutes*, IV,14,9: "성례의 능력은 오직 성령께만 있고, 단지 그 사역은 성

"성령께서 비추시는 빛이 없으면, 우리의 마음이 너무 캄캄하여 아무 것도 볼 수가 없다. 너무나 무뎌서 영적인 것들에 대해서 전혀 지각할 수 없다."[42]

예배에서 가장 중요한 행동은 사람들에게 얼마나 영감을 가져다주었느냐에 달려 있는 것이 아니라, 예배를 받으시는 하나님의 계시된 말씀에 대해서 얼마나 신실하느냐에 달려 있다(시 119:10). 우리는 하나님이 기뻐하시고 즐거워하시는 방식으로 만나고 경외심을 표현하여야만 한다. 두려움과 기쁨으로 가득 찬 우리의 심령이 살아계신 하나님의 임재하심 가운데 참여하도록 말씀하시는 것에 주목하여야 한다(시 111:1, 138:1).

물론, 성도들은 그리스도 안에서 자유함을 누리고 있다. 그러나 우리는 하나님의 말씀에 따라서만 예배를 올려야 한다는 점이 그리스도인의 자유함과 서로 충돌하지 않는다고 확신한다. 말씀에 기초한 예배의 원리를 정립하는 것에 대해서 부정적인 시각이 있는데, 이런 입장에서는 예배의 조항들과 규정들에 대해서 율법주

레에게 있으므로, 성령의 능력으로 역사하심이 없으면, 성례의 사역은 헛되고 하찮은 것이 되고 만다. 성령께서 성도를 안에서 역사하여 능력을 드러내실 때에는 성례가 큰 효과를 발휘하는 것이다." Joan Huyser-Honig, "Lord's Supper Practice in the Reformed and Presbyterian Tradition," https://worship.calvin.edu/.

[42] Calvin, *Institutes*, IV,14,8.

의적이라고 비판하고 있다. 그러나 예배는 하나님이 정하신 바에 따라서 내용과 방법과 시간이 설정되어야 한다. 성경에 명시적으로 예배의 내용으로 규정되어 있지 않은 사항들은 금지하는 것이 마땅하다.[43]

예배는 하나님의 특별한 임재하심 가운데서(God's special presence) 성도들이 다 함께 교회에 모여서, 주님의 말씀을 듣고, 명령에 따라서 찬송과 고백과 기도와 성례 등으로 믿음과 사랑의 반응을 나타내는 것이다.[44] 예배는 기본적으로 성도들이 교회라는 신앙 공동체에 참석하여서, "여호와께 성결하라"는 말씀을 실천하고 시행하는 것이다(슥 14:20).

하나님의 특별한 임재에 대해서 강조할 때에, 성경에서 말하는 "교회"란 예배를 드리는 건물을 의미하는 것이 아니라, 하나님을

---

[43] Frank J. Smith, "What is Worship?" 17.

[44] John Calvin, *Commentary on the Book of Psalms* (Grand Rapids: Baker, 1979), vol. 1:. 122; "let us know and be fully persuaded, that wherever the faithful, who worship him purely and in due form, according to the appointment of his word, are assembled together to engage in the solemn acts of religious worship, he is graciously present, and presides in the midst of them."(이 부분은 필자가 강조한 것임). Calvin and Jacopo Sadoleto, *A Reformation Debate*, ed. by John C. Olin (New York: Harper and Row, 1966), 59. Hughes Oliphant Old, *Worship: Reformed According to Scripture* (Louisville: Westminster John Knox Press; Revised and Expanded ed. edition 2002), 2: 휴즈 올리판트 올드, 김상구·배영민 역(서울: 기독교문서선교회 CLC, 2020).

기쁘시게 하려는 의도를 가지고 경배를 올리는 "성도들의 모임"을 뜻한다. 예수님께서는 "두세 사람이 내 이름으로 모이는 곳에는 나도 그들 중에 있느니라"(마 18:20)고 하셨다. 여기서 두세 사람의 모임은 심각한 문제를 다루는 교회의 치리, 성도의 권징 문제를 다루는 모임이었다. 그러나 예수님이 교회의 재판 과정에만 특별히 임재한다고 제한할 수는 없다. 예배로 모이는 모임은 권징을 위하여 모이는 지도자들의 회의보다 훨씬 더 높은 질서가 요구되었고, 훨씬 더 많은 지침들이 언급되어져 있다.

칼빈은 예수님께서 "두세 사람이 그의 이름으로 모인 곳"에 임재하신다는 약속을 매우 중요한 교훈이라고 지적했다. "함께 모인 자들"을 "주의 교훈으로 인도하신다"(시 73:24). "교회의 모임을 경시하거나, 형제들과 따로 떨어져서 행동하고, 함께 모여 합심하는 데에 별로 관심을 두지 않는 자"는 그리스도의 임재를 경솔하게 대하는 자이다.[45]

고린도전서 5장 3-4절에 보면, 음행한 자의 문제를 다루는 성도들의 모임에 예수 그리스도의 권능이 임재한다고 지적했다. 여기에서도 마찬가지로, 교회의 중요한 회의 시간에 하나님의 영이 임재하신다는 것으로 축소시킬 근거는 전혀 없다. 사도 바울은 하나

---

45 『칼빈 주석, 공관복음』 마 18:20.

님의 임재와 권능을 풀이하면서, 고린도 교회의 여성도들이 머리에 수건을 쓰거나, 긴 머리를 함으로써, "권세 아래 있는 표"(고전 11:10)를 외적으로 드러내도록 조언하였다.

우리가 무엇을 하든지 특별한 섬김으로 하나님을 영화롭게 하는 것이라고 스가랴는 강조했다. 요한복음 4장에서, 예수님은 이 산에서도 말고, 예루살렘에서도 말고, 예배하는 장소가 아닌 하나님께 드리는 합당한 예배를 강조하며 설명하였다. 예수님은 참된 예배에 대해서 기초적인 진리를 풀이하였는데, 하나님의 임재 가운데 있는 교회에서 진리 되신 예수 그리스도 안에서 그를 통해 예배를 드려야 할 것과 성령을 의지하여 성령의 임재 가운데 예배드리도록 말씀하셨다.

여기서 한 가지 분명히 해야 할 것이 있다. 교회 공동체의 특별한 예배와 일반적인 개인적인 경건 생활을 확실히 구별해야만 한다. 이 두 가지 사이에는 연속성도 있지만, 구별되는 요소들이 있다. 종교 개혁자들의 시대부터 참된 예배를 회복하였고, 그들은 넓은 의미에서 예배를 촉구하였다. 넓은 의미에서 보면, 삶의 모든 부분들이 다 하나님을 향한 봉사가 되어야 하고, 모든 믿는 자들은 하나님께 예배를 드리는 왕 같은 제사장들이다. 그러나 특별한 임재하심이 있는 예배의 집회(specific worship)와 넓은 의미의 봉사 개념(general service)에 대해서 좀 더 정교하게 세분화 될 필요성이 있다. 우리가 일상생활을 영위하는 가운데 일어나는 소소한 사항들, 아침에 일어나서 양치질을 하고, 세수를 하고, 청소와 세탁을 한 뒤 음식을 먹고, 자동차를 운전하고, 직업적인 일들을 분주하게 하루 종일 감당하는데, 이러한 일상의 소소한 일들은 모두 다 합당하게 시행되어서 하나님께 영광이 되고, 명예를 돌려드리는 일로 귀결되어야 한다. 이것은 넓은 의미에서 볼 때에, 하나님께 향하는 봉사이자 섬김이기에 예배의 요소가 담겨져 있다. 이러한 일상의 모든 행위들은 넓은 의미에서 하나님을 향한 존중과 경배가 되어야 한다. 이러한 행동들의 근거는 믿음과 생활의 기준이 되는 하나님의 말씀에 따라서 판단해야 한다. 하나님을 사랑하는 마음에서 출발하여야만 올바른 동기가 된다. 그리고 모든 행위의 올바른 목표는 하나님의 영광이다.

다시 분명히 하면, 일상생활을 다 포함하는 일반적인 봉사와 교회에서 공적으로 드리는 특별한 예배를 구별하여야 한다. 예배는 하나님의 "특별한 임재"(special presence) 가운데서 지시된 방식과 내용 안에서만 하나님을 영화롭게 하는 섬김이다.[46] 일반적인 봉사와 특별한 예배는 "하나님의 특별한 임재"라는 사실에 의해서 구별되어진다. 성경에서는 예배 가운데 시행되는 "주님의 만찬"을

---

46 Frank J. Smith, "What is Worship?" 12.

매우 존중하는 내용들로 풀이하고 있는 바, "그리스도께서 특별하게 임재하시는 은혜로운 사건"이다. 이러한 내용도 모른 채, 마구 잡이로 음식을 먹고 마시던 고린도 교인들에게 사도 바울은 고린도전서 11장에서 상세한 지침을 제시하였다. 사도 바울은 고린도 교회의 성만찬이 죄와 불순종으로 더럽혀진 것이라고 지적했다. 그러나 우리가 참된 믿음으로 참여하면, 세례와 성찬은 은혜와 축복의 수단들이다.

성도들이 다 함께 모여서 드리는 공적인 예배는 "하나님의 특별한 임재하심"이 있다. 신명기에 살펴보면, 영광스러운 구름이 이스라엘 백성들에 대한 축복으로 떠 올라서 보게 하였다. 교회에서 예배의 가장 중요한 내용들로 시행되는 말씀의 선포, 성례들, 기도, 이 세 가지는 은혜의 수단들인데, 하나님의 특별하신 임재가 함께 하기 때문이다. 그러나 합당하게 참여하지 않는 자들에게는 이들 세 가지는 저주의 수단이 된다. 마음에 할례를 받지 않은 자들이 그저 종교적인 예식에 참석하는 것들은 결코 하나님께서 받아들이지 않으셨다(고후 2:16-17).

하나님의 특별한 임재를 말할 때에, 우리는 하나님의 전지전능하심과 무소부재(God's omnipresence)와의 관계성을 잘 이해하여야 한다. 하나님은 어느 곳에나 어느 때에나 통치하시고 권위를 갖고 계시면서 임재하신다. 인간사를 포함하여 전 우주의 모든 일은 하나님의 주권 아래서 시행되는 것이고, 하나님의 목적과 뜻을 성취하도록 진행되어 나간다. 하나님께서는 "나는 스스로 있는 자이다"는 이름을 알려주시고, 만물의 절대적 주권을 가진 통치자라는 것을 알려주셨다(출 3:14). 성경의 하나님은 현존하시고, 임재하신다.[47] 결코 떠나 있거나 없는 것이 아니라는 것을 모세는 깨달았다.

또한 우리는 하나님의 특수하고도 위대한 임재를 보여주는 예수 그리스도의 인격과 사역에 주목해야만 한다.[48] 존 머레이 교수는 오직 제2 위격이신 성자 하나님만이 사람으로 나타난 것에 대해서 아름다운 표현으로 설명한다: "하나님의 아들이 그 순수함 가운데서 사람의 본성을 취한 것은 신성과 인성의 부분에서라도 그 어떤 손상을 입은 것이 아니다."[49] 하나님의 특별한 임재하심은 성육신하신 예수 그리스도 안에서 입증되었다.[50] 하나님의 특별한

---

47 Douglas F. Kelly, *Systematic Theology*, vol. 1, Gounded in Holy Scripture and understood in the light of the Church (Ross-shire; Mentor, 2008), 318-9.

48 Thomas R. Schreiner, *Magnifying God in Christ: A Summary of New Testament Theology* (Grand Rapids: Baker, 2010), 19.

49 John Murray, *Collected Works of John Murray*, vol. 2, *Selected Lectures in Systematic Theology* (Edinburgh: Banner of Truth, 1977), 136.

50 G. K. Beale, *A New Testament Biblical Theology: The Unfolding of the Old Testament in the New* (Grand Rapids: Baker, 2011), 543-4.

계시가 때가 이르러서 결정적으로 그리스도 안에서 인간의 시간과 장소 안에 제시되었다. 예수님을 통해서 하나님의 임재와 성품이 제시되어졌다(요 14:9,10, 20). 부활하시고 승천하신 예수님은 성령의 내주하심과 역사하심 가운데서 교회 안에 있는 성도들에게 임재하신다.[51] 예수 그리스도를 믿음으로 고백하는 성도들은 성령이 각각 그들 안에 머물러 있는 성전(temple)이 되었다(요 14:17).

2. 공적인 예배를 통한 특별한 인격적 교제

교회에서 공적인 예배에 함께하시는 하나님의 특별한 임재는 성도와의 특별한 교제를 통해서 지속적으로 능력을 공급한다. 이것이 기독교 신자가 교회에 모여서 공적인 예배를 힘써야 할 가장 근본적인 이유이다. 성도가 다 함께 교회로 모여서 드리는 예배는 "하나님과의 직접적인 교제"(direct fellowship with God)를 갖게 하는 특별한 성격과 기능이 있다.[52] 예배의 가장 기본적인 요소는 하나님의 특별한 임재하심 가운데서 진행되어지는 상호 교통과 교류이다. 교회 안에서 성도가 하나님과의 나누는 교제의 방법은 하

---

51 E. Clowney, *The Church* (IVP), 52-57.
52 Frank J. Smith, "What is Worship?" 14.

나님의 위로와 책망(지적)들과 권고의 말씀을 듣는 시간들을 통해서 이뤄지는데, 단순히 신학 사상이나 지식적인 정보의 전달 수단이 아니라, 인격적인 교제(personal fellowship)의 기회를 갖게 된다.

하나님을 향한 공적인 교회의 예배는 하나님과의 특수한 교통이요, 특별한 소통의 방식이다. 예배는 매우 독특하다. 예배는 주님에 대한 경외심과 경건함을 특징으로 한다. 하나님과 성도 사이의 교제는 사람들 사이의 동등한 대화가 아니다. 예배에서 오고 가는 영적인 교제의 모습은 두 가지이다: 오직 하나님께서만 말씀하시고, 사람은 듣는 가운데서 반응을 드리는 방식의 교제이다.[53]

공식적인 모임으로 다 함께 나아가는 것은 구약 시대에서부터 내려온 언약적 모임의 특징인데, 하나님께서 자기 백성들을 만나고자 직접적으로 시간과 장소를 정하셨다. 하나님께서는 율법을 내려주셔서 규정해 놓으셨고, 하나님의 백성들은 돌아와서 그 이름을 축복하였다. 교회가 공적인 예배를 정하여 발표하고, 교회의 주보에 공식적으로 널리 알려서 약속된 시간과 장소에 모이도록 하는 것은 예배에 대한 준비를 하도록 함이요, 교회의 회원들에게 반드시 참여할 것을 규칙으로 제시하는 것이다.

---

[53] Frank J. Smith, "What is Worship?" 14.

하나님에게 듣는 것이 얼마나 중요한 가를 지적한 성경의 개념을 바로 이해하도록 하자:

"들으라, 이스라엘아! 우리의 하나님 주 여호와는 오직 한 분이시다"(신 6:4).

우리가 귀에 담아 두어야 할 유사한 교훈이 전도서 5장 1절에 나오는 지혜자의 권고에도 담겨 있다:

"너는 하나님의 전에 들어갈 때에 네 발을 삼갈지어다 가까이 하여 말씀을 듣는 것이 … 제물 드리는 것보다 나으니라."

지혜자는 함부로 입을 열어서 급한 마음으로 말하는 것과 값비싼 제물을 바치는 행위보다 더 중요한 것이 있는데 그것은 말씀을 듣는 것이다.

예수님께서는 요나의 이야기를 동시대를 살아가고 있는 악한 세대에게 주시는 징표라고 설교하였다. 도무지 하나님의 말씀에는 귀를 기울이려고 하지 않았다. 오늘의 시대도 역시 마찬가지다. 하나님의 말씀에 대해서는 흥미가 없고, 눈과 귀를 돌려서 세상의 오락에 빠져버렸다.

역사적으로 개혁주의 신학과 교회가 회복된 16세기와 청교도들이 헌신했던 17세기를 통해서 하나님의 말씀을 중심으로 하는 예배가 정착되었다. 칼빈은 십계명의 첫 번째 돌판은 기본적으로 예배에 대한 명령이라고 해석하였다.[54] 십계명의 두 번째 계명은 보이는 우상을 섬기지 말라는 금지 조항인데, 듣는 것이 매우 중요하다는 점을 잘 드러내준다. 그 누구도 하나님의 얼굴이나 존재를 볼 수 없다는 사실이 수많은 선지자들을 통해서 누누이 강조되었다.

오늘날 개인주의적인 환경과 흐름 가운데서 살아가고 있는 성도들은 종교 개혁자들이 제시했던 "은혜의 수단들"(means of Grace)로 말씀과 성례와 기도를 강조했음을 기억해야만 한다. 그중에서도 기본이 되는 것이 하나님의 말씀이다. 계시된 성경 말씀을 통해서, 기록된 말씀과 함께, 또한 전파되는 말씀으로 역사하시는 성령의 임재와 조명에 대해서 살펴보자.

3. 죄인을 향한 성령의 부르심과 조명

하나님께서는 예수 그리스도 안에서 선하심과 아름다움과 영

---

[54] Hughes Oliphint Old, "John Calvin and the Prophetic Criticism of Worship," in *John Calvin and the Church: A Prism of Reform*, ed. Timothy George (Louisville: Westminster John Knox, 1990), 230.

광을 보여주시고, 성경을 읽고 듣는 사람들에게 성령으로 역사하신다. 교회에서 설교를 통해서 듣게 되는 말씀은 성도들을 향하신 하나님의 특별한 교제, 교류, 교통의 수단이다. 성령은 말씀을 통해서 부르심과 조명의 역사를 일으킨다. 성령은 우리 죄인들의 마음과 가슴을 비춰주셔서 그리스도를 따라가도록 변화시킨다.[55] 죄인으로 하여금 구원에 이르도록 하는 조명은 그리스도 안에서 하나님을 아는 체험적인 지식을 만들어내는 성령으로부터의 초자연적인 빛이다.

첫째, 우리는 사탄의 세력하에서 하나님의 영광을 볼 수 없는 "소경됨"에 놓여 있음을 알아야 한다. 눈을 떴다고 해서, 모든 하나님의 창조와 위대하심을 다 바라보고 찬양하는 것이 아니다. 성령의 조명 없이는 하나님과 예수 그리스도를 아는 지식을 가질 수 없다.

둘째, 성령의 도구가 되는 것은 기록된 하나님의 말씀이요, 그 말씀이 설교로 전달되어질 때에 역사하신다.

셋째, 성령은 전하는 사람과 듣는 사람에게 초자연적으로 역사하신다. 모든 구원의 역사는 성령의 권능에서 나온다. 사람의 지

---

55 Joel Beeke, "The Illumination of the Spirit," in *The Holy Spirit and Reformed Spirituality*, eds., Joel R. Beeke & Derek W.H. Thomas (Grand Rapids: Reformation Heritage Books, 2013), 53.

혜와 지식에서 나오는 것이 아니다.

다음 본문의 말씀은 그리스도와 복음에 대해서 우리가 얼마나 무지한 가를 보여준다.

고린도후서 4장 3-6절은 성령의 조명을 설명하는 가장 대표적인 말씀이다.

"만일 우리의 복음이 가리었으면 망하는 자들에게 가리어진 것이라 그 중에 이 세상의 신이 믿지 아니하는 자들의 마음을 혼미하게 하여 그리스도의 영광의 복음의 광채가 비치지 못하게 함이니 그리스도는 하나님의 형상이니라 우리는 우리를 전파하는 것이 아니라 오직 그리스도 예수의 주 되신 것과 또 예수를 위하여 우리가 너희의 종 된 것을 전파함이라 어두운 데에 빛이 비치라 말씀하셨던 그 하나님께서 예수 그리스도의 얼굴에 있는 하나님의 영광을 아는 빛을 우리 마음에 비추셨느니라"(고후 4:3-6).

하나님과의 특별한 교류, 직접적인 교제를 이루시는 성령의 임재와 조명에 대해서 살펴보자. 우리는 성령의 역사하심을 통해서 예수 그리스도를 구세주로 고백하는 거듭남을 체험했고, 성령의 조명을 통해서 성경의 가르침을 깨달아 알게 되어 우리 마음에 받아들이게 된다.[56] "성령의 손에 의하여 보살핌을 받는 심령에게 말씀이 비쳐지면, 큰 열매를 맺게 된다." 어두움이 물러가고, 성령의 조명을 통해서 자신의 죄악됨과 하나님의 말로 다할 수 없는 은혜를 알게 되었다. 하나님과 그 아들 예수 그리스도를 아는 것이 영생이다(요 17:3).

예수님께서 성취하신 놀라운 기적들 가운데, 우리의 가슴을 시원케 해주는 사건이 있다. 소경 바디매오를 고쳐주셔서, 볼 수 있게 해 주셨다. 그는 "다윗의 자손, 예수여!, 나에게 자비를 베푸소서"(막 10:46-52)라고 소리쳤다. 많은 사람이 그에게 조용히 하라고 다그쳤지만, 그는 지체할 수 없었다. 예수님은 그에게 "너희 믿음이 너를 온전케 하였다"고 하였다. 바디매오가 눈을 뜬 것은 단순히 신체적인 장애를 극복하는 것으로 그치는 사건이 아니다. 요한복음 9장에 나오는 소경의 경우에서도 마찬가지로, 하나님의 약속을 이루시는 그리스도를 발견하는 기적이 주어졌다.

성경에서 "소경됨"(blindness)을 말할 때에는, 단순히 육체적 시야가 약해져서 사물을 구별하지 못하는 장애만을 의미하지 않는다. 이사야 선지자는 하나님의 말씀과 하나님의 영광을 바로 알지 못하는 자들이 "소경"이라고 질타했다. 그들은 우상 숭배에 빠져

---

56 Calvin, *Institutes*, Ⅳ. 14. 11.

있었다(사 6:9, 42:16-25, 56:10, 59:10). 앞을 보지 못하는 자들 가운데서도 전혀 영적인 안목을 갖지 못한 사람이 가장 비극적이다.

인생은 한 치 앞을 내다보지 못한다. 우리의 안목이 가진 한계이다. 자신의 내일에 대해서 알고 있는 사람은 아무도 없다. 그런데 어찌해서 유독 하나님이 주시는 지혜와 하나님을 아는 지식을 거부하고 있는 것일까? 지금도 여전히 이 세상은 소경이 소경을 인도하고 있는 상황이다(마 15:121-14, 23:16-26, 요 9:39-41).

현대인들의 "소경됨"은 어떠한가? 하나님을 버리고, 무한대한 자유방임과 무절제한 이기주의를 추구한다. 하나님을 알지 못하고, 영적인 믿음을 버린 자들은 그 어떤 규칙이나 원칙에도 반대한다. 역사적으로 살펴보면, 교회 안에서도 "반율법주의"(antinomianism)를 주장하는 이들이 있어 왔다. 또 다른 한편으로는 자기가 가진 생각과 판단만이 절대적이요, 우월하다는 철학자들도 많다. 자아만족주의(self-sufficiency)자들은 이성의 자율성을 강조한다.[57]

웨스트민스터 소요리문답 31번에, 유효적 소명이 성령의 역사로 일어나는데, 그리스도를 아는 지식 안에서 우리들의 마음에 빛

---

[57] Richard C. Gamble, *The Whole Counsel of God*, vol. 2. *The Full Revelation of God* (Phillipburg: P & R, 2018), 798. n. 32.

을 비춰주셔서, 그리스도를 받아들일 수 있도록 역사하신다고 하였다. 칼빈은 성도들을 부르심은 "말씀의 선포 가운데서와 성령의 조명 가운데서 일어난다"고 하였다.[58]

위에서 살펴본 본문 말씀, 고린도후서 4장 5절에서, 사도 바울은 우리는 자신들에 대해서 전파하는 것이 아니라, 주 예수 그리스도를 전파하는 것이라고 강조하였다. 아주 진실하고도 쉽고 평범하게 예수 그리스도를 증거하였다(고후 2:17, 3:12, 4:2). 말씀과 성령 안에서 전파하는 것으로 만족하고, 그 결과에 대해서는 낙심하지도 않았다(고후 3:4-5, 12, 4:1).

말씀과 성령이 서로 결합되어 있음에 유의해야 한다. 혹 오순절파 교회에서는 직통 계시를 주장하고 있지만, 그러한 초자연주의와 신비주의는 목회자나 인도자의 개인적인 영웅심으로 귀결되어 파산하고 만다. 그러한 신비주의자들과 능력을 갖췄다고 하면서 선지자로 자처하는 사역자들은 내적인 빛을 독립적으로 받는다 해서, 성경보다 우월하다는 주장을 편다. 17세기 청교도들이 살던 시대에는 퀘이커파가 그러했고, 오늘날에는 각종 은사주의자들이 그러하다.[59] 그들은 자신들의 체험과 감정과 느낌에 의존한다. 그

---

58 Calvin, *Institutes*, III. xxiv. 2.
59 Joel R. Beeke & Mark Jones, *A Puritan Theology* (Grand Rapids: Reformation Heritage Books, 2012), 432-34. Geoffrey F. Nuttall, *The Holy Spirit in*

러나 우리가 강조하는 성령의 조명은 객관적인 진리를 통해서 다가온다.

이와 같이, 은사주의자들은 본인들의 주관적 체험에 빠져 있기 때문에, 성령의 역사가 기록된 말씀을 통해서 주어진다는 것을 아무리 강조해도 부족하게 느껴진다. 대부분의 한국 교회 부흥사들은 자신들을 통해서 일어난 기적들, 병 고침, 엄청난 회복들, 자신이 인도했던 집회에 바쳐진 헌금들, 자신의 집회에 모였던 청중들의 숫자를 자랑하기에 바쁘다. 도대체 이런 자기 체험에 사로잡힌 부흥사들로 인해서 한국 교회가 언제까지 더 하찮은 기복 신앙으로 뒤덮여야 할 것인가? 앞에서 사도 바울은 오직 주 예수 그리스도만을 증거 한다고 했다. 오직 예수님을 증거 하면, 그 오묘한 성령의 간섭으로 모든 문제가 해결되고, 놀라운 해답들이 주어져서 평안으로 채워지는 것이다. 우리 성도들의 영혼과 가슴에는 오직 예수 그리스도로 충만하게 채워져야만 한다.[60]

로마 가톨릭교회에서는 성경으로부터 성령의 사역을 분리시켜 버렸다. 중세 시대에 성경에 대한 안목이 부족했던 그들은 성경을 넘어서서, 성령이 따로 교회에 전통을 주고, 계시를 준다고 가르쳤

Puritan Faith and Experience (Oxford: Blackwell, 1946).

[60] 필자는 이러한 한국 교회의 혼란에 대해서 안타까운 마음으로 자세히 설명한 바 있다. 김재성, 『하나님의 위로와 힐링』(용인: 킹덤북스, 2015).

다. 그러나 칼빈과 종교 개혁자들은 다시 말씀을 발견하였다. 기록된 하나님의 말씀은 성령으로 영감을 받은 것이다. 따라서 성령이 성경의 저자이시다.[61] 성경은 성령의 외적인 수단이요, 우리들 속에 빛을 주시는 근원적인 자료이다.[62] 칼빈과 종교 개혁자들은 성령의 임재와 조명의 수단으로 교회에서 시행하는 성례들을 시행했는데, 이를 통해서도 성도들이 믿음에 굳게 서도록 성령이 힘을 불어넣어 주신다.

만일 사람들이 성경을 벗어나서 조명의 빛을 찾으려 한다면, 이사야 선지자의 말씀을 들어보라(사 8:20, 59:21). 미국 청교도 신학자 조나단 에드워즈는 "이해의 문을 통과하지 않고는 가슴에 들어올 수 없다. 먼저 합리적인 지식이 아니다라고 하는 것들 속에는 영적인 진리가 들어 있을 수 없다"고 하였다.[63]

성령의 조명은 우리 가슴 속에 있는 어둠을 몰아내고, 빛 되신 예수 그리스도를 알게 하는 것이다. 그러한 사역은 삼위일체 하나

---

61 Calvin, *Institutes*, I. 9. 1.; IV. 8. 11-13.

62 Sinclair B. Ferguson, "Calvin and Christian Experience," in *Calvin, Theologian and Reformer*, ed. Joel R. Beeke & Garry J. Williams (Grand Rapids: Reformation Heritage Books, 2010), 97.

63 Jonathan Edwards, *A Spiritual Understanding of Divine Things Denied to the Unregerate*, in *The Works of Jonathan Edwards*, vol. 17, *Sermons and Discourses, 1723-1729*, ed. Kenneth P. Minkema (New Haven: Yale University Press, 1997), 67-96.

님의 작동이다. 성부 하나님의 영광이 사람으로 오신 성자, 예수 그리스도를 통해서 비쳐졌고, 성령을 통해서 택한 백성들의 심령에 적용되어진다. 고린도후서 3장 6절에서도 성령의 사역을 제시하였다: 하나님께서는 사도 바울과 같은 분들을 새 언약의 사역자들로 만드셨는데, 문자와 글씨에 능하기에 그렇게 하는 것이 아니라, 성령의 사역으로 감당케 하였다.

하나님께서는 하늘과 땅을 창조하시고, 혼돈과 암흑으로 가득 찬 우주에다가 빛을 비춰주셨다(창 1:1-3). 성령은 영적인 진리에 대해서는 캄캄한 어두움으로 가득 차 있던 죄인들의 영혼 속에 빛을 비춰주신다. 이러한 성령의 사역은 첫 창조에 이어서, 재창조의 사역이다.[64]

> "그러므로 누구든지 그리스도 예수 안에 있으면, 새로운 피조물이라 이전 것은 지나갔으니, 보라 새 것이 되었도다"(고후 5:17).

창세기 1장에서도 성령은 모든 피조물의 세계를 운행하시는 창조의 능력이었다. 고린도후서 3장 6절에서도, "성령은 생명을 주

---

[64] 김재성, 『개혁주의 성령론』 (서울: 기독교문서선교회, 2012), 제3장, 생명과 회복의 영, 59-60.

신다"고 하였다. 디도서 3장 5절에서는 성신으로 중생케 되었다고 하였다. 여기에 사용된 헬라어, "팔린게네시아"는 '다시 한번'(팔린)과 창조(게네시스)의 합성어이다. 성령으로 인한 중생은 다시 태어난다는 뜻이라고 예수님께서 니고데모에게 설명하였다(요 3:7).

성령은 우리 존재의 깊숙한 곳에 있는 것들을 파헤치고, 있는 그대로 죄악된 모습들을 다 밝히 드러내어 버린다. 그 누구도 자신의 비양심적인 행동과 말과 생각에 대해서 회개하지 않고는 견딜 수 없도록 철저히 비춰주신다(고후 2:4, 9:7). 특히 성령이 그리스도 안에서 하나님의 영광을 비춰주실 때에, 놀라운 혜택들도 함께 주신다. 성령의 역사와 조명으로 인해서 성도의 심령에는 예수 그리스도를 아는 지식이 심겨진다. 이것은 예수 그리스의 보배이며, 힘이요, 생명이다(고후 4:7, 10,11). 이 믿음의 영은 일생동안 신뢰, 회개, 평안, 기쁨, 그리스도를 닮아가는 것, 예배, 증거, 소망, 견고함을 불어넣는다.

성령의 임재 가운데서 살아가는 성도는 말씀을 읽고, 교회에 나아가서 예배드리는 일에 힘쓰며, 기도하는 중에 새 힘을 얻는다. 사도 바울은 에베소 교회와 골로새서 교회를 위해서 기도했다(골 1:9-10, 엡 1:17-19). 하나님을 향한 우리의 기도는 어두움에 속해 있는 영혼을 열어주어서 세계의 역사를 변화시키는 동력이 될 것이다.

4. 거룩한 백성으로 살게 하신다

지상의 모든 교회는 불완전한 인간들의 모임이다. 그래서 문제도 많고 부작용도 크지만, 결코 사람들의 죄악된 모습들로 그냥 남겨지는 것은 아니다. 교회에 모인 사람들의 타락에만 맡겨졌다면, 벌써 교회는 지상에서 자취를 감췄을 것이다. 그러나 교회에는 초월적인 하나님의 거룩하심이 함께 하셔서, 결코 사탄의 권세가 이기지 못한다.

교회에는 하나님의 거룩한 영이 함께 하셔서, 거룩한 백성들이 되도록 세워주신다. 각 성도들에게는 하나님과의 특별한 교류, 직접적인 교제를 통해서 성령의 놀라운 권능이 영향을 끼치는 가운데, 성도의 신앙 인격 속에 하나님의 속성, 곧 거룩함을 심어주신다. 하나님의 백성들을 교회에 불러내신 이유는 거룩한 백성들로 살아가게 하기 위함이다. 교회의 근원에는 하나님 자신의 거룩성(the holiness of God)이 자리하고 있는데, 하나님이 계시는 곳은 거룩한 장소이다.

구약 시대에 선지자들이 지적했던 중요한 주제가 거룩하신 하나님께서 죄악에 물든 사람들 가운데 임재하신다는 점이었다. 거룩한 장소(Holy space)와 거룩한 시간(Holy time)에 대한 성경의 설명을 참고해 보면, 매우 역설적이다.[65] 노아의 방주가 도착한 곳에 단을 쌓았다(창 8:14-20). 아브라함도 역시 단을 쌓았다.

모세는 떨기나무 불꽃 가운데 하나님의 신비롭고도 거룩한 신현을 체험했는데, 완전한 절대자요 만군의 여호와를 아는 지식을 확고하게 갖게 되었다(출 3:1-6). 그 후로 모세는 소명에 따라서 완전히 다른 삶을 살아가게 되었다. 모세의 체험에서 드러내어 알려주신 바, 하나님의 거룩하심은 특히 출애굽 과정에 있던 이스라엘 백성들 모두가 거룩하라는 명령에 따라가야만 했고, 그 방법은 이방인들과는 달리 하나님께 향하여 따로 구별된 삶으로 드러내야만 하는 것이었다. 그러나 그 백성들은 전혀 생활의 성별됨을 따르려 하지 않았다. 심지어 하나님의 백성들이 먹어야 할 음식도 깨끗한 것으로 제한하였고, 우상 숭배자들과의 격리된 생활을 요구하였다. 이방인의 자녀들과는 혼인도 금지하였다. 이렇게 하신 이유를 잘 이해하고, 순전한 마음으로 따라야만 했으나, 유대인들은 혼탁한 마음을 바꾸지 않았으며 전혀 다른 길로 갔다. 이런 금지 조항들은 훗날에 엄격한 율법주의를 조장하는 자들에 의해서 왜곡된 교리로 재활용되었다.

넓은 의미에서 예배 개념을 살펴보면, 성도가 어떤 특정한 장소

---

[65] R. C. Sproul, *The Holiness of God* (Wheaton: Tyndale House, 1985), 211-3.

와 시간에 구애를 받지 않고, 언제든지 어느 곳에서나 하나님을 향한 경배와 찬양과 기도를 올릴 수 있다. 그러나 전혀 형식을 갖추지 않고 개인적인 자유함 속에서 드리는 특수한 예배를 올릴 수 있다고 하더라도, 각자 충분하리만큼 성별된 삶을 유지해 나갈 수 없다. 개인적인 예배에서도 여전히 진리 가운데서 드러지는 합당한 태도와 자세를 지탱하려면, 먼저 공예배를 통해서 훈련과 성장의 과정을 필수적으로 거쳐야만 한다.

이스라엘 공동체는 공적인 예배의 시간과 장소를 매우 중요시 하였다. 예배의 시간과 장소는 사람들의 편의에 따라서 결정되는 것이 아니다. 하나님께서는 친히 안식일을 정하여 일주일에 휴식과 예배의 날로 사용하도록 하였다(출 31:16-17). 출애굽의 여정이 진행되는 동안에는 성막을 중심으로 열두 지파가 진영을 갖췄고, 안식일에는 예배를 드렸다. 그러나 이스라엘 백성들은 끝없이 하나님을 시험하였다(출 17:1-3). 이 사건은 지속적으로 교훈을 주었던 것으로 사료되는 바, 시편 95편에서도 재언급된다:

"너희는 므리바에서와 같이 또 광야 맛사에서와 같이 너희 마음을 강퍅하게 말찌어다. 그때에 너희 열조가 나를 시험하여 나를 탐지하고 나의 행사를 보았도다 내가 사십 년을 그 세대로 인하여 근심하여 이르기를 저희는 마음이 미혹된 백성이라 .내 도를 알지 못한다 하였도다"(시 95:8-10).

하나님께서는 그리스도 안에서 믿음을 가진 백성들을 거룩하게 하시고, 의롭다함을 얻게 하시며, 성화의 삶을 진행하게 하신다. 이로 인하여, 하나님께 영광을 돌리게 하시다가, 마지막 재림의 때에 거룩함이 완성될 것이다.

성도들은 교회에서 드리는 예배를 통해서 하나님의 거룩하심으로 권고를 받고, 자극을 받으며, 조언을 들어야만 한다. 그들의 신앙생활이 과연 어디에 처해 있는가를 깨닫도록 말씀의 권유를 들어야만 한다. 위에서 인용한 부분들이 설명하는 것은 광야의 시험으로 인한 실패들과 시편에 재인용되면서 거듭 강조된 내용들인데, 다시 세 번째로 히브리서에 등장한다. 거룩한 신앙생활에 대해서 일관된 가르침이 지속되고 있음에 유의해야만 한다.[66]

하나님의 거룩하심은 매우 중요한 성품이요, 본질적인 속성이요, 핵심적인 인격의 아름다움에 해당한다. 히브리서 3장에서는 성도의 신앙생활에서 지켜나가야 할 중심 주제로 다뤄졌다. 히브리서 저자는 소망과 믿음을 유지하라고 권유한다(히 3:1-6). 이어서 히브리서 3장 7-11절에서는 시편 95편 7-11절을 인용하였다. 이스

---

66 Gamble, *The Whole Counsel of God*, 2:795.

라엘 백성들이 하나님을 끊임없이 시험하고, 원망하며, 반항하였음을 상기시킨다.

그러나 더욱더 안타까운 사실은 광야에서 사십 년 동안 방황할 때에 하나님의 놀라운 기적과 축복을 체험하였음에도 불구하고, 그들이 하나님의 위대한 사역들에 대해서 결코 인정하려고 하지 않았다는 사실이다. 하나님께서는 이스라엘 백성들에게 민수기 14장 20-25절에 분명히 밝히셨다. 하나님의 크고 위대하신 능력을 의심한 자들은 결코 안식의 땅에 들어가지 못한다는 것이다. 가나안 땅은 눈에 보이는 좁은 땅에 불과했으며, 그들이 차지할 수많은 축복의 일부에 불과했다. 가나안 땅은 영원한 하나님 나라에서의 안식을 실제적으로 보여주는 사례에 불과했다.

> "그런즉, 성령이 이르신 바와 같이 오늘날 너희가 그의 음성을 듣거든 … 형제들아 너희가 삼가 혹 너희 중에 누가 믿지 아니하는 악심을 품고 살아계신 하나님에게서 떨어질까 염려할 것이요" (히 3:7, 12).

이러한 권고는 고린도전서 10장 6-11절에 나오는 사도 바울의 충고와 유사하다.

기독교인들은 교회라는 공동체 안에서와 개인적인 차원의 의무

사항들에 대해서 인식할 수 있도록 서로 간에 격려하고 자극을 주어야만 한다. 신자라고 해서, 죄와 거짓됨에 맞서서 살아가는 일을 단번에 완전히 다 처리할 수는 없다.

"오직 오늘이라 일컫는 동안에 매일 피차 권면하여 너희 중에 누구든지 죄의 유혹으로 강퍅케 됨을 면하라"(히 3:13).

"오늘"(today)이라고 날짜를 한정하는 것은 우리 성도들이 하나님의 말씀으로 인해서 부르심을 받은 날을 의미하는 것이다. 그리고 성도는 날마다 반복적으로 깊은 믿음을 유지하면서 기꺼이 순종함을 실천해서 하나님을 향한 반응을 드러내도록 반드시 노력해야만 한다.[67]

히브리서 3장 14-15절에서 권고를 받는 성도들은 세례를 통해서 그리스도 안에서 새로운 출발을 시작한 사람들이다. 세례라는 것은 "그리스도와 함께 참여한 자"가 되는 것인데, 옛 사람은 죽고 장사를 지냈고, 부활과 함께 새 사람을 입은 자가 되는 것을 의미한다. 신자가 되는 첫 사건은 세례와 믿음과 죄를 씻음이다. 이와 유사한 설명이 로마서 6장 3절에 나오는데, "너희는 그의 죽음

---

[67] John Calvin, *Commentary on Hebrews* (Grand Rapdis: Baker, 1981), 88.

과 연합하여 세례를 받은 자임을 알지 못하느냐?"고 하였다. 우리가 그리스도와 함께 참여한 자가 되었다는 의미는 다른 표현으로 하면, 그리스도에 의해서 소유된 자라는 의미이며, 이는 그가 믿는 자들을 마지막 날까지 지켜주신다는 내용도 포함되는 것이다.[68]

5. 그리스도와의 연합과 새 생명

사도 바울은 성도가 그리스도를 통해서 부여받은 칭의와 새 생명을 로마서에서 자세히 풀이하였다. 로마서 6장과 7장에서는 성도의 본질과 성숙한 지위에 대해서 보다 더 구체적이면서도 실제적으로 "그리스도 안에" 있다고 설명한다. 사도 바울이 "그리스도 안에"라는 용어를 매우 중요하고도 적절하게 사용했는데, 이 단어는 그리스도와의 연합을 의미한다.[69]

로마서 6장 10절 이하에서, 바울은 부활하신 주님이 살아나신 것은 "하나님께 대하여 살아나심"이라고 하였다. 그리고 이 땅에서 살아계신 것과 같이 하늘에서도 살아계신다고 증거 한다. 그래서 그리스도와 연합하여 세례를 받은 자들은 "새 생명" 가운데서

---

[68] John Calvin, *Commentary on Hebrews*, 90.
[69] Constantine R. Campbell, *Paul and Union with Christ: An Exegetical and Theological Study* (Grand Rapids: Zondervan, 2012).

행동한다(롬 6:4).[70]

"이와 같이 너희도 너 자신을 죄에 대해서는 죽은 자요, 그리스도 예수 안에서 하나님을 대하여는 산 자로 여길찌어다"(롬 6:11).

성도가 그리스도 안에 있다는 뜻은 그리스도와의 연합됨이다. 주님과의 연합됨은 기독교 신자의 정체성, 그리스도인이라는 것을 표현하는 말이다. 이 연합은 영원한 연합이요, 신비적인 연합이요, 불변하는 연합이요, 영적인 연합이며, 역동적인 연합이다.[71] 이처럼 연합의 여러 차원들이 창조에서부터, 성육신, 십자가와 부활 사건들 속에 담겨 있다.[72] 그리스도 안에서 택함을 입었고(엡 1:3-4), 그리스도의 역사적인 구속 사역에 연합하여 구속함을 얻으며(고전 5:14), 역동적이고도 체험적인 연합을 이룬다(고전 1:9).

새 생명을 입은 성도들은 살아있는 자로서 자신을 하나님께 드리며, 지체를 의로움의 도구로 하나님께 드려야 한다는 결정적인

---

[70] Gamble, "Union with Christ in Romans 6-7," *The Whole Counsel of God*, II:682-706.
[71] 김재성, 『구원의 길』 (용인: 킹덤북스, 2014), 147-182.
[72] Robert Letham, *Union with Christ: In Scripture, History, and Theology* (Phillipsburg: P & R, 2011), 157.

명령을 받았다(롬 6:13). 교회에서 예배의 결정적인 중요성은 바로 의로운 도구로 쓰임을 받는 성도들이 자신을 하나님께 바치는 다짐과 순종이다. 주인을 섬기는 노예로서가 아니라, 자유함을 입은 성도가 기쁨으로 섬기는 것이다(눅 16:13, 요 8:34).

하나님의 백성들을 거룩한 공동체로 이끌어 나가는 성령의 권능에 대해서 로마서 8장 2절에 언급된 것에 주목하기를 바란다. 하나님의 선택을 받은 성도들은 성령의 새롭게 하시는 변혁적 사역을 통해서 살아났다. 죄악 가운데서 여전히 벗어날 수 없었던 자를 하나님의 의롭다하심을 받을 수 있는 자로 만드는 것은 성령의 권능이다.

> "그리스도 예수 안에 있는 생명의 성령의 법이 죄와 사망의 법에서 너를 해방하였음이라"(롬 8:2).

거룩한 하나님을 체험하게 하는 공동체로서의 교회는 성령의 거듭나게 하심을 통해서 그리스도와 연합한 성도들이 함께 모여서 예배를 올린다.[73] 중보자 그리스도는 성령의 변화시키는 권능

---

[73] Sam Waldron, "The Relation of the Righteousness of God and the Spirit of God in Romans 1-8)," *in The Holy Spirit and Reformed Spirituality*, eds., Joel r. Beeke & Derek W. H. Thomas (Grand Rapids: Reformation Heritage Books, 2013),

으로 역사케 하시며, 하나님의 의로움을 입혀주신다. "그리스도의 영이 없으면, 그리스도의 사람이 아니다"(롬 8:9). 하나님의 의로움은 마지막 아담의 순종을 통해서 성취되었고, 부활을 통해서 입증되었다(롬 6:5). 죄가 없으신 예수님께서는 자신의 과오나 허물을 씻을 필요가 전혀 없으시지만, 우리의 죄로 인한 대가를 속죄하시려고 정죄를 당하셨다. 그러나 그리스도께서 죽은 자들 가운데서 다시 살아나시어서, 죄와 사망에 대해서 살아나는 길을 열어놓으셨다(롬 6:9).

계속되는 하나님의 영에 대한 핵심적인 언급이 로마서 8장 9-11절로 이어지고 있다. 하나님의 의로움이 그리스도의 생애와 죽으심 가운데서 역사하였고, 그 생명을 주시는 택한 백성에게 체험으로 가져다주시는 성령의 권능이 강조된다. 성도는 성령으로 인하여, 하나님의 의로움을 찬양하고 영광을 돌리는 예배에 참여하지 않을 수 없다.

> "만일 너희 속에 하나님의 영이 거하시면, 너희가 육체에 있지 아니하고 영에 있나니 누구든지 그리스도의 영이 없으면 그리스도의 사람이 아니라 또 그리스도께서 너희 안에 계시면 몸은 죄로 인하여 죽은 것이나 영은 의를 인하여 산 것이라 예수를 죽은 자 가운데서 살리신 이의 영이 너희 안에 거하시면, 그리스도 예수를

죽은 자 가운데서 살리신 이가 너희 안에 거하시는 영으로 말미암아 너희 죽을 몸도 살리시리라"(롬 8:9-11).

이 부분에서 사도 바울은 성도들 가운데서 거룩한 생명을 불어넣어주시는 성령의 지속적인 권능과 사역을 명쾌하게 강조하였다.[74] 이 부분을 다시 간추려서 정확하게 이해하도록 노력하자:

첫째, 성령의 생명이 임재하지 않는 사람은 그리스도에게 속한 자가 아니다. 성령을 받지 않는 자는 그리스도 밖에 있는 자이다. 누구든지 성령으로 말미암지 않고서는 예수 그리스도를 주라고 시인할 수 없다(고전 12:3)고 말씀하기 때문이다.

둘째, 성령은 "하나님의 영"이자, "그리스도의 영"이라고 분명하게 언급하였다. 헬라어 소유격으로 표현되는 문구에 대해서 정확히 이해하자. 하나님의 영은 부활하신 중보자의 존재와 사역에 긴밀하게 연결되었다.

셋째, 그리스도와 믿는 자가 하나로 연결됨에 대해서 놀랍게도 강조되었는데, 그리스도를 죽음에서 생명으로 부활케 하신 영이 우리 안에 임재하시기 때문이다. 또한 사도 바울은 동일한 방식으

---

[74] William Hendriksen, *Romans* (Grand Rapids: Baker, 1980), 252. C. E. B. Cranfield, *The Epistle to the Romans* (Edinburgh: T & T Clark, 1975), 390.

로 역사하는 성령의 권능으로 인하여, 우리가 죽음에서 벗어나서 다시 살게 될 것이라고 강조한다. 아멘! 할렐루야!

넷째, 로마서에서 계속 중심적으로 거론되는 주제가 하나님의 의로움인데, 성령께서 생명을 주시는 작동을 하셔서 우리 안에 그 결과가 주어졌다. "영은 의를 인하여 산 것이라"(The Spirit is life because of righteousness).

미국 웨스트민스터 신학대학원, 조직신학자 존 머레이 교수는 로마서 주석에서 바로 이 대목을 다음과 같이 풀어준다:

> 성령은 그리스도에 의해서 성취된 구속으로부터 멀리 동떨어져 있는 다른 구속적인 영역에서 살아있는 것이 아니다. 여기서 다시 한번 우리는 각각 독립적이면서도 상호 긴밀하게 역사하는 것을 발견하게 된다. 성령은 이 서신의 가장 위대한 주제인 의로움으로부터 멀리 동떨어진 생명이 아니라는 것을 바로 다시 말하는 것이다.
>
> 사도 바울이 "하나님의 의"라고 부르는 것은 그리스도의 의와 순종함인데, 우리의 죄악된 상태를 규정짓는 사망의 무효 선언에 있어서, 성령의 생명이 관련되어 있는 것이다.[75]

---

[75] John Murray, *The Epistle to the Romans* (Grand Rapids: Eerdmans, 1968), 1:290-91.

성도를 살려내는 것은 계시의 말씀에 기록된 객관적인 하나님의 의를 선포하는데서 기인한다. 이처럼 성경이 증거 하는 말씀을 선포하는 설교를 벗어나서, 기독교 신자가 스스로 자신의 경험을 근거로 삼으려 한다거나, 어떤 은혜 받은 사람의 간증이나 체험담에서 의존하려는 것은 잘못된 것이다.

왜 공적인 교회의 예배 시간에 나가야만 하느냐가 이제 더 분명해졌다. 개인적이고 주관적인 말씀의 적용이 있어야 하되, 성도의 문제를 해결하는 것은 계시된 하나님의 말씀이 제공하는 거룩함과 구원의 확신에서 나오는 것이다. 또한 설교 시간에 가장 중요한 핵심이 되어야 할 것은 목회자의 체험이나 간증이 아니다. 설교자가 가장 경계하고, 또 조심해야 할 사항은 어떤 부흥사의 놀라운 자기 자랑이나, 어떤 대형 교회를 이룬 목회자의 지난날 업적이나 공로가 아니어야 한다는 점이다. 오늘날 설교자들의 신학이 얼마나 빈곤한지를 차마 말로 다 표현할 수 없다. 홍수를 이루는 유튜브 설교를 들어보면, 개인적이며 주관적인 이야기들로 가득 차 있다. 자기 자랑은 복음이 아니다. "내가"로 시작하는 문장은 극히 제한적이라야 한다. "성경이 말씀하는 대로"가 나와야만 한다.

강단에서 선포되는 설교 말씀의 요지이자 근거는 복음 안에 계시된 하나님의 의로움이다(롬 1:17). 이것이 오직 그리스도의 구원 사역과 성령의 권능의 근원적인 자료이기 때문이다. 모든 사람들이 내적으로 고통을 겪는 문제를 해결하는 원천도 바로 하나님의 의로움이다. 사람의 생각과 판단으로는 도무지 미치지 못하는 문제의 해결이 여기에 들어 있다. 죽음에서 부활하신 주님과 그의 영의 역사를 객관적으로 보여준 계시된 성경에 따라서 선포해야만 한다.

6. 영적 성장과 보호

하나님께서는 성령의 보호와 돌보심을 통해서 예수 그리스도와 연합한 가운데서 택하신 자기 백성들을 양육하시고, 성장시키며, 보호하려는 방편으로 교회를 세우셨다.[76] 예배 공동체로 모인 성도들이 예수 그리스도 안에서 연합하여, 거룩한 성품으로 자라나게 하고, 발전하게 하며, 확장시킨다. 교회는 선교와 전도를 통해서 확장되어 나가면서, 동시에 구성원들을 가르치고 지켜주는 사명을 감당한다.[77]

신약 성경에 보여주는 바와 같이, 이 지상 위의 모든 교회는 완벽하지 못하다. 이 땅 위에 사는 사람과 문화와 조직 등이 모두 다

---

[76] Gamble, *The Whole Counsel of God*, 2:796.
[77] Herman Ridderbos, *Paul: An Outline of His Theology* (Grand Rapids: Eerdmans, 1975), 433-5.

광범위하게 죄의 영향 아래 있다. 성도들이라고 하지만 여전히 죄악된 생각과 사상의 영향이 퍼져있기 때문에, 그 어느 곳에서도 온전한 교회는 없다.

하나님의 영이신 성령께서는 그리스도와 그의 백성들을 연합시키되, 조직된 교회를 사용하여서 준비시킨다.[78] 구체적으로는 교회의 직분자들을 사용해서서 조직을 갖춘 교회의 일원으로 활동하게 하였다. 이런 보이는 성도들로 구성된 교회의 사역이 매우 중요하다. 모든 성도에게 자유함을 누리도록 은혜를 내려 주시지만, 선한 질서를 무너뜨리는 것은 세속적인 자극에서 나온 위험한 발상이다. 고린도전서 11장에서 사도 바울은 구체적인 사항들을 처리하는 조언을 했다. 여성의 지위와 행동, 주님의 만찬을 시행하는 방식, 목회적 수고에 대한 보상 등이다(고전 11:17-19, 갈 6:6, 고전 9:14).

교회에서의 집회와 모임은 이 세상의 사회적인 친교와는 다르다. 교회는 권징과 치리를 통해서 성도들을 훈련하는 기관이다(고전 5:1-13). 넓은 의미에서 교회는 하나님의 나라가 이 땅에 임하여서, 죄가 가져오는 사망과 고난의 문제를 풀어내는 곳이다. 그래서 "악한 사람은 너희 중에서 내어쫓으라"(고전 5:13)고 하였다. 세

---

78 Edmund P. Clowney, *Church* (Downers Grove: IVP, 1995), 61.

상의 죄를 심판하고, 악한 생각과 세력을 무찌를 수 있도록, 성도들에게는 성령의 감화와 감동하심이 주어진 가운데서 신실한 예배를 통해서 권유하고 격려한다.

사도 바울은 교회의 권위와 직분자들에 대해서 광범위한 지침을 제시했다. 교회 안에서 권징을 시행하도록 규정을 두었고, 그것이 집행되도록 하기 위해서 직분자들을 따로 세우도록 하였다. 교회가 영적 성장을 도모하고, 성도들을 훈련하는 이유는 오직 구원함을 얻게 하기 위함이다.[79]

성도가 이 세상을 살아가는 동안에, 성령이 주시는 여러 가지 은사들을 받아서 봉사의 일을 하게 되며, 필요한 곳에 적절하게 은사를 사용하도록 한다. 성도들은 신령한 은사들을 받아서 그리스도를 섬기는데 활용하게 된다. 그중에서도 성도에게 주어진 가장 중심이 되는 임무는 복음을 전하고 제자들을 삼는 일이다. 교회에서 진행되는 이러한 임무들은 마땅히 질서 있고 규모 있게 수행하여야 하며, 사람의 혈기나 욕심으로 하지 않아야 한다.

베드로후서 2장 1-3절은 매우 엄중한 경고를 선언한다. 사도 베드로는 성도들에게 영적인 분별력을 발휘해서, 신실한 사역자와

---

79 Gordon D. Fee, *The First Epistle to the Corinthians* (Grand Rapids: Eerdmans, 1987), 196.

가짜 교사들을 구별하라는 것이다. 교회의 사역자들 중에는 "거짓 선생"도 있고, "거짓 선지자"들이 있다. 이들이 돌아다니면서, 복음의 본질을 흐려놓는 경우가 있음을 지적했다. 목회자들도 이런 죄를 범하는 것을 목격하게 되면, 성도들의 신앙이 크게 훼손되고, 흔들리게 된다.[80] 2천 년 전에 주신 베드로 사도의 경고인데, 오늘날에도 동일한 현상들이 반복되고 있다. 베드로는 여기에서 대적자들에게 방어하기보다는 오히려 공격을 하고 있다. 거짓 선지자들에게 준엄한 심판이 있을 것임을 선포한다.

오랫동안 이스라엘에서도 거짓 선지자들이 하나님을 빙자해서 혼란을 일으켰다. 특히 예레미야의 시대에 오히려 우상 숭배자들을 향해서 여전히 안전할 것이고, 평안하리라고 속였다(렘 23:16-17). 예수님께서도 누누이 거짓 선지자들을 조심하라고 말씀했다(눅 6:26). 우리가 거짓 선생들을 말하는 이유는 이들이 교회를 파괴하기 때문이다. 뿐만 아니라 교회 안에서 성도의 평안함을 깨트린다.[81]

베드로는 거짓 선생들 중에는 "늑대들"이 있다고 기술했다. 슬

---

[80] Robert Harvey and Phillip H. Towner, *2 Peter and Jude* (Downers Grove: IVP, 2009), 75.

[81] D. Martin Lloyd-Jones, *Expository Sermons on 2 Peter* (Edinburgh: Banner of Truth, 1983), 123-9.

프게도, 예수 그리스도께서 다시 오실 때까지, 교회 안에는 그런 늑대들이 약간 있는 정도가 아니라 상당히 많을 것이라고 하였다. 교회를 파괴하는 현대판 늑대들의 전략은 매우 교활하다. 그들은 항상 위로를 말한다. 기독교인의 자유함(adiaphora)을 언급하면서, 결코 비판하지 않는다. 신학도 항상 어느 극단에 치우치지 않는다고 하면서, 포용주의를 표방한다. 결코 정죄하거나, 판단하지 않는다는 식으로 관용을 자랑한다. 목회자나 신학자들은 누구든지 반드시 전체 생애를 검증해 보아야 한다. 그가 대중 앞에서 말하는 것과 실제로 살아가는 것이 일치하는지를 알아야만 신뢰할 수 있다.

거짓 선생들은 삼위일체 하나님, 그리스도의 동정녀 탄생, 부활, 육체적 재림을 부인하는 자들이다. 우리가 예배 시간에 "사도 신경"이라고 해서, 믿는 바를 고백하는 내용들은 기독교 신앙의 보편적 기준이다. 이런 내용을 부인하는 자들은 정죄하고 심판할 뿐만 아니라, 처벌을 가해야 한다. 목사 혹은 사역자의 자격을 박탈하고, 그 어떤 교회에서도 접근하지 못하도록 물리쳐야 한다. 그래서 교회는 출교와 제명 등 치리와 권징이라는 절차를 시행한다. 오늘날에도 교회는 이단들로부터 성도들을 보호하기 위해 더욱 철저히 관찰하여야 하고, 거짓 복음에 대해서는 단호한 조치를 취해야만 한다.

4장

신실한 예배는
교회의 생명줄이다

4장

신실한 예배는 교회의 생명줄이다

앞 장에서, 이미 우리는 하나님의 특별한 임재를 살펴보았는데, 교회는 예배 공동체로서 부름을 받은 성도들의 모임이다. 성경의 전체 교훈들을 구조적으로 연결하여 보면, 하나님의 영광을 찬양하고, 경배하는 일이 사람의 임무로서 가장 강조되어 있다. 혼란된 인간의 삶 가운데서 하나님을 향한 예배자로 살아가는 것이야말로, 빛과 생명을 찾아서 문제를 해결하는 첩경이기 때문이다.

우리가 이 세상에 살면서, 생명과 호흡을 가지고 있는 이유는 무엇인가? 인간의 기술과 문명이 번성해서 첨단 산업의 발전을 도모하여 엄청난 재화를 만들었는데, 과연 앞으로 어떻게 될 것인가? 이 땅 위에 평화와 정의가 흘러 넘치는 영원한 제국을 건설할 수 있을까? 결국 모든 인간은 죄악된 문화와 향락에 젖어서 정신없이 살다가 멸망하게 될 것이다. 지나간 역사와 문명사가 보여주듯이, 이집트 문명, 헬라 철학, 로마 제국에서 이미 보았고, 히틀러의 광란적인 독재 정권도 몰락했다. 하나님을 거부하는 현대인들의 광란적인 도모들은 결국 처절한 진노를 초래할 것 밖에는 없다.

하나님을 마음에 두기를 싫어하는 자들은 마지막 날에 영원히 멸망하게 될 것이고, 반대로 은혜를 입은 자들은 하나님의 긍휼하심을 찬양하면서 감격스러운 영생을 얻게 될 것이다. 그렇다면, 성도에게 지금 가장 중요한 일이 무엇인가를 잊어서는 안 된다. 하나님을 기억하고, 하나님 앞에 나아가서 예배를 드리며 그분께 영광을 올려 드리며, 그의 인도하심에 따라가야만 한다.

이런 놀라운 하나님의 사랑과 구원의 이야기들은 지금도 계속되고 있다. 이미 성경을 통해서 제시된 엄청난 은혜의 역사를 기억해야만 한다. 성경은 유기적 영감을 받은 인간 저자들이 기록을 했기 때문에, 구속 역사를 다루는 연속성과 다양성이 풍성하고도 분명하다.[82] 성경의 권위를 부정하고, 계시된 가르침을 벗어난 사람들의 제안들은 결코 믿을 수 없다. 하나님으로부터만 구원하

---

[82] Herrman N. Ridderbos, *Redemptive History and the New Testament Scriptures* (Phillipburg: P & R, 1963), 49-50. idem, Studies *in Scripture and Its Authority* (Grand Rapids: Eerdmans, 1978), 20.

시는 진리와 거룩하게 하는 진리가 나온다. 예수님께서는 자기 백성들을 "진리로 거룩하게 하옵소서, 당신의 말씀은 진리니이다"고 기도했다(요 17:17). 우리가 구원을 얻은 믿음의 공동체를 벗어나서는 결코 하나님을 아는 지식을 가질 수 없다.

1. 경배를 받으시는 하나님의 엄중한 지시들

우리가 땅 위에 있는 어떤 교회에 모여서 공적인 집회로 예배를 드리는 곳이 바로 하늘나라이기 때문이다. 히브리서 12장 18-21절에 설명된 바와 같이, 지상의 교회가 드리는 예배는 하늘에 속한 천상 공동체로서의 예배와 연결되어 있다.

지상의 교회는 아직 완전하지 못하다. 그럼에도 지상 교회의 모임은 온전한 모습을 갖추기 위한 노력을 멈출 수 없다. 여전히 부족하고, 문제가 많고, 죄악에 물들어 있지만, 전능하신 만군의 여호와 하나님께서 보살피고 계신다.

신실한 예배는 반드시 성경이 가르치는 교훈들로 구성되고, 진행되어야 한다.[83] 사람들이 인터넷에 연결되어서 가상 공간에서 예배를 드린다고 주장하는데, 과연 이것이 하나님에게 열납되고,

---

83 Gamble, *The Whole Counsel of God*, II:815.

응답이 주어지는 신실한 믿음으로 올리는 경배요, 참된 예배가 될 수 있을까? 온라인 예배를 드린다고 하는 사람들은 너무나 예배를 쉽게 생각하는 오류를 범하고 있다. 사람들이 편리하다 해서 크게 홍행하는 방법이라 하더라도, 결국 판단하시는 이는 하나님이시다. 하나님께서는 "마음을 다하고, 성품을 다하고, 뜻을 다하고, 힘을 다하고, 목숨을 다해서" 예배하고 경배하기를 원하신다(신 26:16, 막 12:30).

주일날 오전에 예배를 드려야만 하나님께서 받으신다는 주장을 하려는 것은 아니다. 오해하지 마시라. 다만, 잊지 말아야 할 것은 예배의 본질이 무엇이냐에 대한 것이다. 예배는 지시된 방식대로, 하나님에게 올리는 것이다. 사람들이 마음대로 조절하거나, 그저 적당히 시간을 때우는 예배가 얼마나 허망한 행동인가를 알아야 한다. 예배가 얼마나 엄중한 행위인가를 잊어서는 안 된다. 우리가 지금까지 수많은 예배를 드렸지만 과연 하나님이 받으신 예배가 얼마나 되는지 점검해 보아야 한다.

창세기 35장 7절에서, 야곱의 예배 행위는 하나님께서 지정하신 내용 안에서만 예배하여야 함을 강력히 제시하여 준다. 레위기 10장 1-3절에서는 아론의 아들들, 나답과 아비후가 하나님께서 지정하시는 방법대로 불을 사용하지 않았다가, 즉석에서 죽임을 당했다. 이사야 1장 12-13절을 읽어보라.

"너희가 내 앞에 보이러 오니 그것을 누가 너희에게 요구하였느뇨 내 마당만 밟을 뿐이니라 헛된 제물을 다시 가져오지 말라 분향은 나의 가증히 여기는 바요 월삭과 안식일과 대회로 모이는 것도 그러하니 성회와 아울러 악을 행하는 것을 내가 견디지 못하겠노라."

성경에 적극적으로 권고하는 내용들이 아니라면, 우리는 예배 시간에 그런 내용들을 포함하지 말아야 한다. 교회에서의 인터넷 예배는 실제적으로 지역 교회에 나가서 드리는 예배에 연결해야만 하고, 모든 우선순위를 지역 교회 예배로 돌려야 한다.

특히 선지자들을 통해서, 하나님께서는 참된 예배, 순종하는 예배, 진지한 예배를 드리도록 촉구하셨다. 그러나 위대하신 하나님께서는 형식적인 모임과 제사를 결코 받지 않으셨다. 아무리 많은 사람들이 모여도 결국 헛된 예배가 되고 말기 때문이다.

"내가 너희 절기들을 미워하여 멸시하며 너희 성회들을 기뻐하지 아니하나니, 너희가 내게 번제나 소제를 드릴지라도 내가 받지 아니할 것이요. 너희의 살진 희생의 화목제도 내가 돌아보지 아니하리라. 네 노랫소리를 내 앞에서 그칠지어다. 네 비파 소리도 내가 듣지 아니하리라"(암 5:21-23).

참된 예배는 피조물이 하나님께 무릎을 꿇고 경배하며, 엎드려서 창조주께 영광을 돌리는 것이다. 또한 우리 성도들은 하나님이 기르시는 양들이므로, 그의 음성을 듣는 것이다(시 95:6-7).

2. 예배 공동체로서의 교회

예수 그리스도 안에서 부름을 받은 성도들은 단순히 개인적으로 구원받은 삶을 살아가는 특권만 누리는 것이 아니라, 교회라는 집단 공동체를 이뤄나가는 사명과 의무를 갖고 있다. 우리 모든 그리스도인들은 공적인 예배에 나아가서 믿음을 통해서 순종하는 데 익숙해져야만 한다. 목이 곧은 백성으로 교만하게 우월 의식을 갖거나, 혹은 개인적인 이득을 취하고 누리기에 함몰되어서, 연합된 공동체의 일원임을 잊어버린다면, 맛을 잃어버린 소금과 같다.

하나님께서 사람을 지으신 이유는 하나님께 경배하고 영광을 돌리도록 하려 함이다. 창세기의 첫 부분에서부터 요한계시록의 마지막 부분까지 성경이 가르치는 가장 중요한 핵심은 예배와 찬양이다.[84] 땅 위에 내려와서 살아가고 있는 전 인류에게 있어서 예

---

84 예배에 관하여 성경적으로 조명한 교과서를 참고할 것. Robert E. Webber, *Worship: Old & New* (Grand Rapids: Zondervan, 1994); 이승진 역, 『예배학』(서울: CLC, 2011).

배가 얼마나 중요한가를 알려주는 첫 이야기가 가인과 아벨의 제사이다(창 4:3-5). 그리고 마지막 천상에서의 참된 예배들이 소개되고 있는데, 찬양과 각종 다양한 이미지로 표현되고 있다(계 4-5장).

사람들이 살아가는 집은 스스로의 설계와 손으로 지은 것이지만, 하나님을 예배하는 성전과 교회는 실제로 하나님께서 건설하였다. 하나님께서는 다윗에게 말씀하시기를, "내가 영영히 그를 내 집과 내 나라에 세우리니, 그 위가 영원하리라"고 하셨다(대상 17:10-14). 하나님께서 스스로 자신의 집이요, 자신의 나라를 세우셨다. 그 집에서는 그의 백성들이 모여서 하나님께 경배와 예배를 올리는 장소로 사용될 것이라고 말씀하셨다.

솔로몬은 성대한 낙성식에 언약궤를 좌정시켰고, 하나님의 이름을 위한 집이라고 아홉 번이나 반복하였다(왕상 8장). 성전이라는 명칭은 없고, 하나님의 집이라고 계속해서 강조하였다. 이 집이 하나님이 거주하시는 장소라는 의미가 아니라, 비록 하나님은 하늘에 임재하시지만, 그의 백성들이 그분께 영광을 돌리고 예배를 올리는 곳이라는 의미이다. 이와는 대조적으로, 사무엘상 5장 1-5절에 보면, 다곤의 신전은 그가 사는 집이라고 표현되었다. 하나님께서는 역사적으로 이스라엘 민족을 지배하는 왕들을 통해서 다스리게 하셨지만, 성전을 초월하여서 온 우주에 펼쳐진 하나님의 나라를 다스리신다(시 87:5).

하나님께서는 구원받은 백성들에게 끊임없이 믿음의 반응을 드러내어 예배의 자리에 나아가 순종하도록 요구하였다. 수많은 구원 사건들 중에서도, 이스라엘 백성들을 애굽에서 구출해 낸 사건이 매우 중요한 전환점이었는데, 예수 그리스도를 통한 구원 역사의 본질을 보여주셨기 때문이다. 예배와 믿음의 반응은 구원을 받은 백성들과의 언약 관계를 표현하는 매우 중요한 일이었다.[85] 언약에 기초한 예배, 예배를 통해서 하나님의 백성으로서 정체성을 유지하는 방식, 예배의 언약적인 성격은 이스라엘의 역사 속에서 일관되게 지속되었다.

인간의 반응으로 드리는 예배는 전인격을 모두 다 바쳐서 온전히 드리도록 요구되었다. "마음을 다하고, 뜻을 다하고, 성품을 다하고, 힘을 다하고, 목숨을 다해서" 하나님을 사랑하여야 한다(신 4:29, 6:5, 11:13, 26:26; 막 12:30, 33; 눅 10:27, 마 22:37). 예배에의 부르심에서 하나님은 종교적 의무를 이행하는 식으로 나가는 반심이 아니라, 전심을 다 드려야만 한다고 요청하였다.

구약 성경에서 예배를 중심적인 신앙 행동으로 규정하신 하나님의 인도하심을 볼 수 있는데, 어떤 사람이 인도할 것인가부터 어

---

85 W. J. Dumbrell, *Covenant and Creation: A Theology of the Old Testament Covenants* (Carlisle: Paternoster Press, 1984), 36. Michael S. Horton, *Covenant and Salvation* (Louisville: Westminster John Knox Press, 2007), 8.

떤 장소와 순서로 진행될 것인가를 소상하게 가르쳐주셨다. 출애굽기 24장 1-8절에 보면, 하나님과 그의 백성 사이의 만남이 일어난 집회가 기술되어 있다. 출애굽 직후에 시내 산기슭에서 시작된 공식적인 예배는 하나님과 성도들과의 만남을 보여주는 결정적으로 중요한 장면이었다.

하나님과 이스라엘 백성들 사이의 공적인 만남은 가장 중요한 기본 구조적 요소들이 제시되어져 있다는 점에서 매우 중요하다. 출애굽기 19장에서 24장까지에 기술된 이스라엘 백성들의 예배에 관한 규정들은 훗날 기독교인들의 공적인 예배에 담겨야 할 본질적인 요소들이다.

신약 성경에는 출애굽 사건과 예수 그리스도의 구속 사건들 사이의 연관이 강조되었다. 베드로 사도는 신구약의 핵심적인 두 내용을 다음과 같이 요약했다.

"너희는 택하신 족속이요, 왕 같은 제사장들이요 거룩한 나라요 그의 소유된 백성이니 이는 너희를 어두운 데서 불러 내어 그의 기이한 빛에 들어가게 하신 자의 아름다운 덕을 선포하게 하려 하심이라"(벧전 2:9).

출애굽 사건에서처럼, 어둠 속에 살던 자들을 밖에 있는 빛의 세상으로 불러내어서 하나님을 찬양하게 하셨다. 이스라엘 백성들이 바로 왕에게 속박된 노예로 살다가 구출된 것처럼, 신약 시대의 성도들도 사악한 권세 아래에 놓였던 자들이었으나 주님께서 구출해 내었다(엡 2:2).

예수 그리스도와의 새 언약을 맺은 성도들은 교회를 이뤄서 하나님의 나라를 드러내게 되었다. 구약 시대의 맺어졌던 모든 언약의 조항들은 그리스도 예수 안에서 새롭게 갱신되었다.[86] 이스라엘 백성들은 조상과 자신들에게 맺어진 언약을 지키는데 실패하였다. 이스라엘은 거듭해서 후손들의 시대로 내려가면서 언약의 파기자들이 되어버렸다. 그러나 예수 그리스도는 완전히 다른 내용으로 지켜질 새 언약을 맺으셨다. 우리들도 스스로의 힘으로는 결코 하나님과의 다짐이나 맹세를 지킬 수 없다. 그리스도 자신이 하나님과의 언약을 완전히 성취하셨다. 온전한 순종, 죽으심, 부활을 통해서, 구속 사역을 완성하신 예수님은 자신을 믿는 자들 가운데 성령으로 임재하시면서 하나님과의 영원한 관계를 유지하시는 것이다.

---

86 Scott R. Swain, "New Covenant Theologies", in *Covenant Theology*, eds., Guy Prentiss Waters, J Nicholas Reid, & John R. Muether (Wheaton: Crossway, 2020), 551-569.

3. 언약의 확증으로서의 제사와 예배

신약의 교회와 그들의 예배는 구약 성경에서 이어져 내려온 메시야의 대망과 재림의 소망을 지속적으로 공유한다는 연속성이 있다. 그러나 신약 교회에서는 예배와 성례에 있어서 구약의 의식들과는 완전히 단절되었다. 신약 교회에서는 더 이상 아들을 위해서 할례를 시행하지 않으며, 동물 제사를 드리지 않으며, 유월절 절기를 예배의 일부로 지키지도 않는다(고전 7:17-21). 그리스도께서 십자가로 구속의 역사를 완전히 이루셨기 때문이다. 구약 성경에서는 성전이 예배의 중심 장소였으나, 그리스도가 지상에서의 구원 사역을 완성하신 이후에는 성소의 휘장이 찢겨졌다(마 27:51, 눅 23:45). 더 이상 그곳에서의 예배란 무의미하다는 하나님의 뜻이 명확히 선포되었다.

하나님께서는 예배의 원형으로서 구약 시대에 제사의 제도(system)를 명쾌하게 제정해 놓으셨다. 제사장 마음대로, 혹은 바치는 사람의 뜻대로 제사를 드리지 못하게 하셨다. 예배의 본질이 무엇인가를 이해하기 위해서 먼저 구약 성경에 강조된 희생제사를 간략히 살펴보아야 한다. 구약 성경에서 하나님과 그의 백성들 사이에 맺어진 언약 관계들이 그들의 신앙적 정체성을 구성하는 매우 중요한 요소였다. 그리고 지속되어 내려온 언약 관계는 항상

희생제사를 통해서 확정되었다.[87]

또한 예배자의 태도를 매우 중요시 하였다. 아벨은 겸손하게 신실하게 "믿음으로" 제물을 바쳤다(히 11:4). 우리는 동물을 희생시키는 제사의 근원에 대해서는 잘 알 수 없지만, 하나님께서 기뻐하셨음을 알게 된다. 그 후로 노아는 단을 쌓고 정결한 짐승을 바쳤다(창 8:20-9:17). 아브라함은 삼 년 된 암소, 암염소, 수양, 산비둘기, 집비둘기로 번제를 드렸다(창 15:9-21). 이삭은 브엘세바에서 단을 쌓았다(창 26:24-25). 야곱은 벧엘에서 단을 쌓았다(창 35:6-12).

우리는 하나님께서 아브라함에게 유일한 아들, 이삭을 제물로 바치라고 명령하였던 사건을 매우 특별한 사건으로 대하게 된다. 아브라함이 모리아 산에 올라갔을 때에, 이삭이 아버지에게 질문했던 것이 매우 인상적이다. "여기에는 나무와 칼이 있는데, 양은 어디에 있나이까?" 이 질문에서 우리는 이미 아브라함이 양을 잡아서 하나님께 제사를 올렸음을 짐작할 수 있다.[88] 아브라함의 행동은 훗날 예수 그리스도가 갈보리 산 위에서 어린 양으로 바쳐질

---

[87] Richard C. Gamble, *The Whole Counsel of God*, vol. 1. *God's Mighty Acts in the Old Testament* (Phillipburg: P & R, 2009), 438-42.

[88] B. B. Warfield, "Christ Our Sacrifice," in *The Person and Work of Christ* (Nutley: Presbyterian & Reformed, 1970), 396-97.

사건의 예표였던 것이다.

출애굽 이후에도 번제물을 바치는 희생제사가 언약을 지켜나가는 이스라엘 백성들의 예배 행위에서 가장 중요한 내용이었다(출 24:5-6). 하나님께서는 친히 희생제사의 절차와 그 시행을 담당하는 제사장에 관한 모든 규정도 알려주셨다.

번제를 드리는 제사의 의미는 속죄의 피라는 중요한 뜻이 담겨 있었다. 일 년에 한 차례 정한 날에 이르러서 제사장이 동물의 피를 제단에 뿌리고 민족의 죄악에 대한 속죄를 선포했다(레 16:1-34). 희생제물을 바치는 행위는 이스라엘 민족의 죄악에 대한 대속제물을 드리는 것이다.[89] 제물로 바쳐지는 동물에게서 흘리는 피는 이스라엘의 죄악에 대한 상징적인 피 흘림이었다. 비록 이스라엘의 죄는 여전히 남아있을지라도, 희생제물의 피에 의해서 가리움을 받게 되어져서, 하나님께서는 더 이상 그들의 죄를 추궁하지 않으셨다.

희생제사는 신약 성경에 등장하는 교회의 예배에서도 핵심적인 내용이었다. 히브리서는 예수 그리스도의 피가 대속적인 희생제

---

[89] David Gibson and Jonathan Gibson, eds., *From Heaven He Came and Sought Her: Definite Atonement in Historical, Biblical, Theological, and Pastoral Perspective* (Wheaton: Crossway, 2013), 227. Robert Peterson, *Calvin and the Atonement: What the Renowned Pastor and Teacher Said About the Cross of Christ* (Mentor; Revised edition(March 20, 2009).

사였고, 대제사장의 사역을 감당한 것이라고 명쾌하게 풀이하였다(히 9:11). 예수 그리스도가 흘리신 피는 화목제물이다(롬 3:25). 그리스도는 하나님과 자기 백성들 사이에 중보자이시다. 그리스도의 희생은 언약 백성들을 위한 속죄제물인 것이요(사 53:4-5), 그 백성들의 죄악을 가리우는 것이어서 더 이상 반복될 필요가 없다.[90] 그래서 "다 이루었다"(벧전 2:24)고 선언하셨다.

교회에서는 예배 가운데서 성만찬 예식을 통해서 그리스도의 희생을 통한 감사와 은혜를 맛보게 되며, 악한 세력을 이기고 승리하도록 몸을 바친 주님의 은혜를 찬양하면서 감사와 축하의 잔을 나눈다.

4. 성막과 성전과 회당에서 교회로의 전환

구속 역사의 진행 과정에 따라서, 회막과 성전에서의 제사 시대가 지나가고 교회로 모여서 예배를 올리는 신약 시대의 새 언약이 전개되었다. 여기서 우리가 주목할 것은 예배의 장소와 본질의 전환이다.

---

[90] Paul Wells, *Cross Words: The Biblical Doctrine of the Atonement* (Fearn, Ross-shire: Christian Focus, 2006), 139.

구약 시대의 예배는 장소와 시기가 매우 중요한 본질이었다. 지성소의 제단은 사람이 만들어낸 것이지만, 하나님의 임재 장소로 간주되었다. 성막은 하나님께서 머물러 계시는 장소로 간주되었다. 시내 산에서, 하나님께서는 자신이 이스라엘 백성들 가운데 머물러 있을 것을 약속하셨다. 마치 아담과 하와가 에덴 동산에서 하나님과 함께 동거하는 것을 다시금 역사 속에서 보게 되는 것이다.[91]

그 후로 오백 년 후에, 하나님께서는 예루살렘 성전 안에서 영광을 드러내 보여주셨다. 하나님의 명령에 따라서, 다윗은 4천 명을 성전 건축을 위해 훈련시켰다(대상 23:1-6). 솔로몬은 하나님께서 아버지 다윗에게 내리신 지시에 따라서 완성했다(대상 28:11-13, 19). 하나님께서 직접 다윗에게 내리신 계시대로, 제사장들과 레위인들에게 임무를 맡겼다. 그러나 제1차 성전이 파괴된 후, 하나님의 영광은 예수 그리스도 안에서 나타났다.

구약 시대의 신실한 임무 수행자들처럼, 신약 교회의 예배도 하나님의 명령에만 따라야 하는데, 목회자들과 성도들이 모두 다 청결한 양심으로 나아가야 한다. 하나님이 받으시는 제사를 영원한 제사장이신 예수 그리스도가 완성하셨다. 예수님께서도 역시 오

---

91 Gamble, *The Whole Counsel of God*, I:461.

직 하나님만을 예배하라고 명령하셨고, 또한 자신에게 경배를 올리는 것도 허락하셨다(마 4:10, 눅 4:8, 요 20:28-29).

참되고 순수한 예배는 오직 예수 그리스도를 통해서만 가능하게 된다. 예수님은 "영(성령) 안에서, 그리고 진리 안에서" 하나님을 예배하라고 하셨다(요 4:20-24).[92] 한글 성경 옛 번역에는 "신령과 진정으로"라고 되어 있었다. 대부분의 목회자들은 이 말씀을 예배를 시작하면서 낭독했다. 필자는 어린 시절부터 이 구절이 무슨 뜻인지도 모르면서 암송했다. 대부분 교회에서는 자세한 설명도 없이, 예배의 선포사로 사회자가 읽어 내려가는 시간에 그저 엄숙할 뿐이라는 생각에서 고개를 숙인다. 아무런 마음의 감동도 없이 낭송되는 경우가 너무나 많았다. 정확하게 헬라어 본문을 영어로 번역하면, "in the spirit and in the truth"이다. 여기서 소문자 '영'(the spirit)은 "성령(the Spirit)의 인도하심과 임재하심 가운데"라고 풀이할 수 있다.[93] 성도들은 하나님을 영 안에서, 그리고 진리(요한복음에서 진리는 예수 그리스도를 말함) 안에서 예배해야 한다. 이 구절에서 예수님이 강조하신 점은 참된 예배라는 것은 오직 하

---

92 Gamble, *The Whole Counsel of God*, II:821.

93 John Murray, "The Worship of God in the Four Gospels," in *The Biblical Doctrine of Worship*, ed. Edward A. Robson (Phittsburgh: RPCNA, 1974), 96.

나님의 명령에 따라서 성령의 임재와 인도하심, 그리고 예수 그리스도의 속죄의 피를 의지함으로 그리스도를 통해서 하나님께 예배를 드리는 은혜의 시대가 왔음을 가르친 것이다. 사람들이 만들어낸 교리나 지침들에 의존해서도 안 되고, 여기서나 어디에서나 예배 장소를 마음대로 정해서도 안 되고, 예배 시간과 내용들을 제멋대로 지어서 수행할 수 있는 것이 아니라는 뜻이다.

경건한 이스라엘 사람들은 항상 정해진 절기에 제사와 경배를 드리러 모이는 일에 힘썼다. 시편 기자는 하나님의 집에서 날마다 진행되는 예배에 참석하기를 사모하였고, 기쁘게 노래했다(시 122:1). 이 기쁨은 구약 시대에나 신약 시대에나 모든 예배자가 갖추고 있는 마음 상태이자, 태도이다.

하나님께서는 구약 시대에는 안식일에 대한 규정을 통해서, 사람이 마땅히 지켜야 할 온전한 예배를 요구하였다. 신성한 율법의 내용 가운데서 가장 중요한 사항은 하나님에 대한 예배이다. 안식일 규정을 통해서 엄숙한 지침이 주어졌으니, 아담 이후로 모든 인간들은 창조주 하나님께서 하신 일에 대한 영광과 찬양을 올려야만 했다.[94]

---

[94] John Murray, "The Sabbath Institutions," in *Collected Writings of John Murray* (Edinburgh: Banner of Truth, 1977), I;206.

안식일은 첫째로 하나님의 창조를 기억하는 날이요, 둘째로 언약적 행동으로 하나님께 반응으로서의 예배를 올리고, 믿음을 나타내야만 하는 날이다. 안식일 준수는 결코 폐지될 수 없다. "안식일을 제정하신 것은 행위로 의를 성취하라는 지시가 아니다. 이스라엘 백성들에게 있어서 안식일의 참된 의미는 어떤 행동을 금지하는 조항들에 그치는 것이 아니다. 안식일의 깊은 의미는 사람에게는 휴식이 필요하다는 사실을 인식케 하시면서, 하나님의 임재하심 가운데서 살아가는 거룩한 구별을 상징적으로 드러내시고자 함이요, 이방인들에게 하나님을 증거하는 날이다."[95] 야고보는 이러한 행동들을 믿음에 수반되어지는 행함으로 강조하였다(약 2:17-26).

안식일에 금지한 일은 요즈음 언어로 표현하자면, 이기적이고 탐욕적인 마음으로 이 세상이 있는 것들을 쟁취하려는 행동(servile)이다. 일상의 가정과 일터를 보전하는 행동을 전면 금지한 것은 아니다. 유대인들은 고기를 먹으려고 불을 피우거나, 그것을 위해서 나뭇가지를 모으는 행위를 금지하였다. 이런 자들은 중한 처벌을 피할 수 없었다. 그러나 그냥 생명을 보전하는 행동(preservation)은 허락되었다. 예수님이 말씀하신 대로, 양들이 위

---

[95] Gamble, *The Whole Counsel of God*, I:412.

기에 처했을 때에는 구출해 내야 하고, 불이 나면 당장 진화 작업을 해야만 한다. 이런 행위들은 재물이나 재산을 증식하려는 행위라고 할 수는 없다. 성막에서도 일하는 행위를 금지했는데, 다른 날들에도 얼마든지 수행할 수 있기 때문이었다.

구약 성경의 시대에 주신 안식일 제도, 성전의 제사 규정과 형식들은 점차 타락한 백성들이 우상을 숭배하면서 모두 다 파괴되고 말았다. 예수님의 시대에는 성전 제사의 "형태"만 남았고, 안식일 준수의 "본질"도 모두 다 사라져 버렸다. 오늘날 이스라엘 사람들은 그 누구도 동물 제사를 시행하지 않는다. 오늘날의 유대인들은 성전의 제단이 파괴되었기에, 더 이상 제물을 드리지 못한다고 변명하고 있다. 성전 시대가 지나가고 회당 제도로 모였는데, 그 예배 내용은 성전과 대동소이했다.[96]

이제, 신실한 신약 시대의 성도들은 구약 제사에 뿌리를 두고 있는 내용들을 예배 시간에 시행하고 있다. 신약 시대의 성도들은 공적인 기도, 찬양, 금식, 설교, 성경 낭독, 그리고 주일 성수와 세례와 성찬을 중요시하고 있다.

히브리서 12장 22-29절에서 우리는 예수 그리스도의 사역을 통

---

[96] Peter Leithart, "Synagogue or Temple?, Models for the Christian Worship," *Westminster Theological Journal* 64.1(2002): 120-23.

해서 예배를 올리는 점에 있어서, 하나님의 본질에 대한 교훈들을 발견하게 된다. 삼위일체 하나님께서는 시내 산에서 임재하셨고, 구약 시대의 예배에서도 임재하였으며, 신약 시대의 예배에서도 동일하게 임재하신다.

시온은 다윗이 통치한지 칠 년 만에 점령한 성채이다(삼하 5:6-7). 그곳은 예루살렘 남쪽 편에 위치한 곳으로서, 하나님의 임재의 상징인 언약궤를 좌정시킨 곳이다. 시온 산에 이어진 북쪽 편 땅 위에 솔로몬이 성전을 지었다. 예루살렘과 그곳에 있는 성전은 이스라엘 백성들에게 신앙의 상징적인 건물이 되었다.[97] 시편 122편 3-4절에 의하면, 다윗에게 시온은 이스라엘을 위하여 모이는 장소였다.

히브리서 12장 22-23절에서는 새로운 시온(New Zion)이 가장 중요한 장소로 등장한다. 이 새로운 시온에서 성도들이 예배의 모임을 갖게 되며, 하나가 된 교회가 궁극적으로 지향해야 할 장소이다. 이곳에서의 모임은 장자들의 총회이며, 하늘에 그 이름이 기록된 자들로 구성된다. 옛 이스라엘은 다윗의 도시 시온에서 모였으나, 새 이스라엘은 하늘에 있는 시온에서 하나님과 함께 한다(히

---

[97] F. F. Bruce, *The Epistle to the Hebrews* (Grand Rapids: Eerdmans, 1964), 372.

12:23). 하나님의 영광스러운 보좌 앞에서 모이는 하늘나라의 영원한 모습이다.

새 시온에서는 연합된 백성들이 하나가 되어서 모임을 갖는다. 이는 앞으로 다가올 미래의 완전한 세대를 상징한다. 그리스도가 부활하신 영광의 몸으로 함께 하시면서 통치하시는 하늘의 예루살렘이다. 기독교 신자는 개인으로 살아가는 것이 아니라, 그리스도의 가족의 일원으로 함께 모여서 경배를 올린다.

5. 은혜를 내려주시는 세 가지 방편들

그리스도의 교회는 공적인 예배를 중심으로 하는 공동체인데, 집합적인 예배의 여러 가지 구성 요소들이 있다. 설교, 찬송, 기도, 성례, 고백 등이 예배의 중요한 구성 요소들이다. 그런 가운데, 하나님께서 사용하시는 은혜의 방편들(means of grace)이 있다. 즉, 성령의 도구로 사용하시는 것들로써, 성도들로 하여금 참여하게 하는 가운데 그리스도와의 연합을 성취하는 수단들이다.[98]

성령 하나님께서 사용하시는 은혜의 방편들은 하나님의 뜻을

---

[98] J. Van Genderen & W. H. Velema, *Concise of Reformed Dogmatics* (Phillipsburg: P & R, 2008), 753-4.

이루어 나가는 하나님의 섭리와 같이, 그 목적을 이루고자 하는데 가장 적합한 수단들이다. 종교 개혁자들과 웨스트민스터 신앙고백서 25장 3항에서, 세 가지 은혜의 방편들이 정립되었는데, 선포된 말씀과 성례와 기도이다. 성도들이 은혜 가운데서 거룩한 백성으로 성장해 나가는데 사용되는 수단들이다. 물론 하나님께서는 아무런 수단이나 방법을 사용하지 않아도, 죄인을 거듭나게 하실 수 있다. 하지만 일반적으로 교회에 제도화된 수단을 정해주셨다(고전 1:21).

말씀과 성례와 기도는 성도들이 교회에 모여서 수행해야 할 가장 기본 의무이자, 교회에 주신 명령이다. 그로 인해서, 하나님의 위로와 평안을 맛보는 특권을 누린다.

세상이 각종 디지털 문화 현상들로 요동을 치더라도, 그 속에는 부패하고 타락한 인간성의 모순을 극복할 다른 대안이 없다. 선하고 진실한 은혜의 수단들이 작동하지 않으면, 죄악으로 물들어진 인간의 무능력과 실패를 간파해 낼 수도 없다.[99] 그래서 예배는 매우 중요하다. 예배를 통해 하나님을 만나고 인간의 죄가 사함을 받고 영육이 치료되고 회복되는 은혜를 수혜받기 때문이다. 참된

---

[99] The Heidelberg Catechism, 6-8번 문항. in *Ecumenical and Reformed Creeds and Confessions* (Orange City: Mid-America Reformed Seminary, 1991), 166.

평안과 행복과 진리의 위로를 얻을 수 있는 길은 오직 예수 그리스도 뿐이다. 예배를 통해 구원자 예수님을 만나고 인생이 변화되지 않는가?

5장

코로나19 펜데믹
이후의 교회론

5장

코로나19 펜데믹 이후의 교회론

창조주 하나님이 살아계시기에 교회는 결코 무너지지 않는다. 우리가 믿음을 지켜나가기만 하면 교회는 유지된다. 지나친 비관주의나 패배 의식에 사로잡힐 필요는 없다. 예수님께서 "반석 위에 세운 교회이기에 음부의 권세가 이기지 못하리라"(마 16:18)고 하신 말씀을 기억한다. 다만, 말세가 가까워올수록, 교회가 엄청난 압박을 당하면서, 소망의 인내를 하면서 참아내야 하고, 각종 고난들을 견뎌내야만 하는 시기임에는 틀림이 없다. 온갖 어두움의 세력이 교회를 위협하고 있다.

현대 교회는 지금까지 경험한 것보다 더 큰 시련에 직면하고 있다. 전쟁도, 핍박도, 이단들의 속임수들도 이겨낸 교회이지만, 지금은 "보이지 않는" 코로나19 바이러스가 교회의 목을 조이고 있는 형국이다. 우리가 알 수 없는 각종 바이러스는 사람들의 대면 활동을 통해서 퍼져나간다. 교회에 모이는 대면 예배를 공포 속에 밀어 넣었다. 이미 수많은 생명이 죽었고, 살아남은 우리도 두려움 속에서 헤어나오지 못하고 있다. 스크린 세대 중에서는 스스로 자가 격리를 택하는 성도들이 늘어나고, "대중과의 단절 시대"에는 아예 교회가 문을 닫아야 할 지경이다.

교회는 방역 지침에 충실하면서도, 대면 예배와 기도회를 드릴 수 있는 방법을 찾아야 한다. 이미 교세의 위축과 감소로 인해서 충격스러운 사태가 여러 교회에서 발생하고 있다. 수많은 교회가 문을 닫고 사라지고 있다. 함께 모이는 일에 헌신하지 않는다면, 교회는 더 침체되고 말 것이다.

1. 교회를 위해서 목숨을 바친 분들을 본받자

우리는 예배에 목숨을 걸었던 선조들의 헌신과 역사를 계승해야 하고, 더욱 발전시켜야 한다. 역사 속에서 신실한 성도들은 하나님께 참된 예배를 올리는데 모든 것을 다 바쳤다. 오늘날의 전염병처럼, 무서운 흑사병이 유럽을 강타한 적이 있었다.

1) 흑사병이 창궐하는 중에도 목양에 힘썼던 종교 개혁자들

종교 개혁자들이 흑사병에 맞서서 교회를 지키고자 노력하면서, 용감하게 대처했던 경험들과 교훈들을 활용하도록 하자. 중세 말기와 16세기에 흑사병은 치명적이어서, 유럽 인구의 4분의 1이 사망할 정도였다. 가장 중요한 종교 개혁자들, 루터, 츠빙글리, 칼빈의 헌신적인 목양 사역에서 교훈을 나누고자 한다.[100]

루터는 1527년 여름에 흑사병이 대대적으로 유행하자, 자신의 집을 임시 병원으로 내놓고, 감염된 환자들을 돌보았다. 그의 집은 원래 수도원으로 사용되던 큰 저택이었다. 선제후 프리드리히가 귀족들, 교수들, 성직자들에게 예나로 피신해 있으라고 권고했는데도, 떠나지 않았다. 또한 그의 가족들도 전염되었는데, 둘째 아이 엘리지베스가 1527년 12월 10일에 출생하였다가, 1528년 8월에 사망했다.

루터는 1527년 11월 10일자에, 유스투스 요나스에게 보낸 편지에서, 당시의 절망적인 상황을 기술하였다. 언제 회복될 것이라는 희망도 없고, 소수의 의사마저도 없이 병원에는 환자들만 남아있는 상태에서 돌보아줄 사람들이 없으니 어서 돌아와서 함께 일해 주기를 간청했었다. 루터는 이 시기에 작성한 글, "치명적인 흑사

---

[100] 김재성, "종교 개혁자들의 흑사병 체험과 교훈들,"『국제신학』22권(2020), 59-101.

병으로부터 도망해야 하는가?"에서, 헌신적인 목양자의 자세를 설명하였다. 요한복음 10장 11절을 인용하면서, 목회자가 양을 위해서 목숨을 내놓아야 하는데, 늑대의 공격이 있더라도 도망가서는 안 된다고 역설했다.

무엇보다도 루터 자신에게 큰 변화가 있었다. 첫째, 그는 1527년에 가장 힘들고 고통스러운 일들을 당하면서, 처절한 주검들을 통해서 목회자로서 따뜻한 안목을 갖추게 되었다는 사실이다. 그 이전에는 대학 교수로서 엄밀한 신학적 해석에 몰두했었지만, 이후로는 고통당하는 사람들에게 위로를 주고자 하는 목자가 되었다(마 25:42-45). 둘째, 참담한 상황 속에서 미신들이 퍼져나갔다. 루터는 허망한 미신에서 벗어나도록 깨우치는데 앞장을 섰다. 셋째, 루터는 희망과 소망의 메시지를 전파하면서, 영적인 준비를 돕고자 노력하게 되었다. 이 사건 후에, 루터는 "내주는 강한 성이요, 방패와 병기되신다"(Ein feste Burg ist unser Gott)라는 찬송가를 내놓게 되었다.[101] 인생의 위기에 그는 주님만이 강한 산성과 방패와

---

[101] "A Mighty Fortress Is Our God," in *A Dictionary of Hymnology: Setting forth the the Origin and History of Christian Hymns of all Ages and Nations*, ed., *John Julian* (Second revised edition, 2 vols., 1907, reprint, New York: Dover Publications, Inc., 1957), 1:322-25. Jaroslav Pelikan and Helmut Lehmann, eds., *Luther's Works*, 55 vols. (St. Louis: Concordia Publishing House; Minneapolis: Fortress Press, 1957-1986), 53:283.

병기 되심을 찬양하였다.

츠빙글리는 1519년 1월 1일에 취리히의 사제로 부임했는데, 그해 8월에 흑사병이 도시를 강타했다. 그 다음 해 봄까지 대략 7천여 명이 사망했다. 당시 취리히 인구는 약 5만 정도였다. 그 중에는 츠빙글리의 친동생, 안드레아스도 포함되어 있었다. 츠빙글리는 전염병에 감염되어서, 거의 죽음 직전에 이르게 되었고, "흑사병에서 부르짖는 간구"(Pestlied)를 작성하게 되었다.[102] 츠빙글리의 장남, 윌리엄은 스트라스부르크에서 수학하던 중에 흑사병으로 1541년에 사망했다.

츠빙글리는 흑사병을 경험하면서, 하나님의 절대 주권을 철저히 인정하게 되었다. 그는 자신의 처지가 하나님이 빚으신 질그릇에 불과하다는 사실을 깨달았다(롬 9:20). 가장 중요한 변화는 하나님의 말씀에 대한 경외와 신뢰가 견고하게 츠빙글리의 가슴 속에 자리 잡았다. 흑사병에서 살아남은 후에, 츠빙글리는 철저히 종교개혁을 추진하는 일에 매진하게 되었다.

스위스 제네바에 칼빈이 다시 돌아온 후, 1542년 극심한 흑사병이 돌았다. 그 후 삼 년이 지나는 동안에도 흑사병을 몰래 숨기고 있던 자들도 발각될 정도였다. 칼빈은 앞장서서 병자들을 심방

---

[102] 김재성, "종교 개혁자들의 흑사병 체험과 교훈들," 74.

하고, 교회의 집사들도 환자들을 돌보는 일에 헌신했다. 많은 목회자들이 감염되어서 사망했는데, 칼빈이 첫 주석, 로마서에서 헌사를 바쳤던 바젤 대학의 교수, 시몬 그리네우스(Simon Grynaeus, 1493-1541)가 사망하였다.

고난과 재해를 체험한 칼빈은 인간의 악행에 대한 하나님의 섭리에 대해서 정의롭고 유익한 일이라고 풀이했다. 하나님께서는 결코 게으른 관찰자가 아니시며, 열쇠를 쥐고서 모든 계획을 실행하신다고 역설했다. 칼빈의 『기독교강요』(1559년) 제1권 16-18장에는 우연적으로 보이는 작은 사건들까지도 인간의 지식과 판단으로 알 수 없는 필연적인 목적과 원인들이 담겨져 있다고 강조했다.

칼빈은 역경 중에도 역사하는 하나님의 섭리에 대해서 정의롭고 유익한 일이라고 가르친다:

우리를 짓누르는 파괴와 비참한 상황들이 사람을 통하지 않고 일어날 경우에도, 모든 일이 잘되는 것은 하나님의 축복에서 비롯된 것이요, 모든 환난은 그의 저주라고 하는 율법의 가르침을 상기해야 할 것이다(신 28:2 이하, 15절 이하).

우리는 모든 사람에게 다 있는 육신적인 생각으로, 좋은 일이든 나쁜 일이든 어떤 일이 일어나든지 간에, 그저 우연히 일어나는 일로 치부해 버리며, 그리하여 하나님이 베푸시는 은혜에 감격하여 그를 경배할 줄 모르고, 그것에 자극을 받아서 재를 무릅쓰고 회개할 줄도 모른다.

> "나는 빛도 짓고 어둠도 창조하며 나는 평안도 짓고 환난도 창조하나니 나는 여호와라 이 모든 일들을 행하는 자니라" (사 45:7).[103]

세상의 환란이 결코 우연의 산물이 아니라, 하나님의 섭리 가운데서 진행됨을 인정하고 올바로 받아들이는 자들에게는 어떤 유익이 있을까? 경건한 사람의 마음에는 하나님으로부터 오는 위로와 평안이 주어진다. 인생의 삶을 위협하는 무수히 많은 상황들과 죽음의 위기들 속에서 살아가면서도, 하나님의 돌보심에 대한 확신과 용기를 가질 수 있다.[104] 우리 몸은 수천 가지 질병을 담는 그릇이므로, 죽음으로 포장되지 않는 삶을 살아갈 수는 없다. 인간에게는 질병의 두려움과 공포가 항상 함께 깃들여 있는데, 재난에 대해서 칼빈은 회개를 촉구했다.

---

[103] Calvin, *Institutes of the Christian Religion*. I. vii. 8.
[104] Joel Beeke, *Calvin on Sovereignty, Providence, and Predestination* (Conway: Free Grace Press, 2020), 31.

> 하나님께서 전쟁이나 전염병이나 어떤 재난으로 나를 치시는 일이 간혹 있다.
>
> 이처럼 모두에게 임하는 채찍을 받으면, 모든 백성들은 자신을 책망하고, 죄를 고해야 한다.[105]

이 부분은 1543년 증보판에 새롭게 추가된 것이기에, 그가 체험했던 제네바 교회의 흑사병에서 절망적인 두려움을 기억하게 하는 부분이다. 칼빈이 이 부분을 추가했을 때에, 그는 흑사병이 어느 정도 쇠잔해지는 것을 인식하고 있었을 것이다. 칼빈은 국가적인 재난과 환란을 맞이할 때 먼저 하나님의 거룩하심을 기억하고, 회개의 기도를 올려야만 한다고 가르쳤다. 성경적인 관점에서 살펴보면, 모든 인간들이 당하고 있는 갖가지 고난들은 결국 사람들의 약점들과 죄악들을 상기시켜준다. 현대 사회가 극심한 물질만능주의에 빠진 후로, 인간이 처한 상황이 죄악으로 가득 차 있음을 새롭게 인식하지 않을 수 없다. 칼빈은 일반적인 전염병에 대해서 금식하며 회개할 사건이라고 보았다.

---

[105] Calvin, *Institutes*, IV. xv. 17.

2. 프랑스 위그노의 목숨을 건 투쟁들

프랑스 종교 개혁자들은 미사를 우상 숭배이자 거짓 예배라고 규정하고, 참된 예배에만 참석하기 위해서 종교 개혁을 단행했다. 칼빈은 오랫동안 로마 가톨릭에 속해 있었지만, 교황의 종교이기에 미신 숭배(idolary)라고 규정하고, 오직 하나님께만 영광을 돌리고자(soli Deo gloria) 회심을 했다.[106] 프랑스 개신교회는 참된 예배를 통해서 피조물들 가운데서 오직 하나님의 최고 권위와 영예를 회복하려는 노력을 마다하지 않았다.

그러나 프랑소아 1세는 미사에 출석하지 않는 자들을 향해서 무차별 징벌을 가했다. 개혁주의 성도들이 모인 교회 전체를 불에 태워서 죽이기고 하고, 모두 다 체포하였다. 프랑스 정부가 이단으로 적발하는 개신교회 성도들은 루터의 95개조문이 전파된 후로, 1520년대부터 등장하였는데 꾸준히 증가했다. 1540년대부터 이단 재판이 급증했는데, 약 9백만 명이 살던 파리에서 수천 명이 처벌을 받았고, 약 2백만 명이 살던 툴루즈에서도 2천여 명이 재판을 받았다.[107] 1543년, 나이가 든 프랑소와 1세가 소르본느 가톨릭

---

[106] Calvin, "Preface to the Commenatry on Psalms(1557). Carlos M.N. Eire, *War Against the Idols: The Reformation of Worship from Erasmus to Calvin* (Cambridge: Cambridge University Press, 1986), 196.

[107] Raymond Mentzer, *Heresy Proceedings in Languedoc, 1500-1560*. Trandactions of the American Philosophical Soceity 74 (Philadelphia: 1984), 169-70.

신학자들에게 정통 교리를 규정하도록 한 후에 이단 처벌이 급등하였고, 수많은 성도들은 피신하여 목숨을 건졌고, 은밀하게 개혁주의 교회들이 확산되었다.

1523년부터 1560년 사이에 이단으로 처형된 위그노들이 약 5백여 명에 이른다. 그 외에도 이름 없는 프랑스 개신교회 성도들이 로마 가톨릭의 핍박을 받아서 이루 다 셀 수 없이 많은 성도들이 목숨을 바쳤다. 위그노들은 같은 프랑스 출신으로 제네바에서 종교 개혁을 추진했던 요한 칼빈의 영향을 받아서, 개혁주의 교회를 세우려고 노력했었다. 남동부 끝에 위치하면서도 스위스에 속해 있던 제네바에서는 지리적 특성상 지금도 프랑스어를 사용하고 있다. 프랑스 남동부 지역에 살던 개신교회 성도들은 로마 가톨릭과 국왕의 무자비한 정치적 탄압 속에서도 참된 교회의 정립을 위해서 많은 성도들이 흘린 피가 강물처럼 흘러 넘쳤다.[108]

프랑스 국가 교회 체제로 굳어진 로마 가톨릭 측에서는 개인들의 자유와 독립적인 도시 운영을 소망하는 개신교회를 잔혹하게 핍박하였다. 교회의 개혁을 거부한 프랑스 국왕은 개신교회를 정치적 반대 세력으로 간주했다. 16세기에 프랑스에서는 종교 개혁

---

[108] 김재성, 『나의 심장을 드리나이다』(용인: 킹덤북스, 2011), 제16장, "한 방울의 피도 헛되지 않으리", 465-494.

과 개신교 신앙을 허용하는 문제는 곧바로 프랑스 내에서 혁명으로 간주되었다.[109] 초기에는 국왕의 군대가 진압을 해서 결국 종교개혁은 실패로 끝났지만, 1560년에 샤를르 9세가 왕위를 계승하면서 다소 박해가 완화되었다. 1562년 다소 완화된 조치가 발표되었지만, 35년에 걸쳐서 종교 개혁을 향한 탄압이 거의 매년 지속되었다. 마침내, 개신교회에 대한 탄압을 중지한다는 낭트칙령(1598년)이 발표되기까지, 참된 예배를 추구하던 성도들은 괴롭힘과 박해 속에서도 하나님의 말씀만을 따르는 교회를 지키고자 피를 흘렸다.[110]

프랑스 개신교회를 향한 가장 치명적인 살상이 1572년 성 바돌로뮤 축일에 벌어졌다.[111] 파리에 모였던 귀족들은 나바르 앙리의 결혼식 참석을 위해서 모여 있었다. 위그노 지도자였던 가스파르 드 콜리니(Gaspard de Coligny, 1519-1572)가 국왕의 자문단에 참여하는 것을 제지하고자 시도한 암살이 실패로 돌아가자, 나머지 개신교 지도자들에 대한 살인을 명령했다. 1572년 8월 24일부터 10

---

[109] H. G. Koenigsberger, "The Organization of Revolutionary Parties in France and the Netherlands during the Sixteenth Century," *Journal of Modern History*, 27(1955), 336.

[110] Julian H. Franklin, *Constitutionalism and Resistance in the Sixteenth Century: Three Treatises by Hotman, Beza and Mornay* (N.Y.: Pegasus, 1969), 44.

[111] Robert J. Knecht, *The French Religious Wars: 1562–1598* (Oxford: Osprey, 2002), 51-52.

월까지 프랑스 전 지역에서 로마 가톨릭교회 추종자들이 위그노, 즉 프랑스 개신교도들 수만 명을 학살했다.

1559년에 파리에서 최초의 프랑스 개혁교회 총회가 개최되었다. 개신교 교회의 권위, 예배의 통일성, 운영 체제 등을 채택하였다.[112] 가장 중요했던 사항은 교회의 제도와 권징이었다. 칼빈의 4직분론과 유사하게, 프랑스 개신교회에는 목사, 신학 교수, 장로, 집사의 직분을 제정하도록 했고, 이러한 직분자의 양성을 위해서 몽토방 아카데미를 비롯하여 여러 곳에 신학교를 세웠다.[113] 프랑스 개신교회의 권징 조례에는 세례와 성찬에 관한 내용이 많다. 물론 신앙적인 배도자들이나 반항하는 자들에게는 책벌을 했다.

테오도르 베자가 쓴 『군주들의 권리에 대하여』가 1574년에 출판되었는데, 칼빈이 서거한 지 십 년이 지난 후에 프랑스에서 정치적 탄압에 저항하는 권리를 풀이해 냈다. 베자는 세상에 있는 모든 권세는 하나님께로부터 나온다는 사실을 강조했지만, 그러나 역시 모든 권세자들도 하나님께 복종해야만 한다고 주장했다. 권세

---

[112] Glenn Sunshine, *Reforming French Protestantism: The Development of Huguenot Ecclesiastical Institutions, 1557-1598* (Kirksville: Thomas Jefferson University Press, 2002).

[113] Raymond A. Mentzer, "Acting on Calvin's Ideas: The Church in France," in *Calvin and the Church*, ed. David Foxgrover. the Calvin Studies Society (Grand Rapids: CRC, 2002), 29-41.

자들은 신앙적인 문제에 있어서, 먼저 십계명에 가르쳐 주신 대로 하나님만을 경외해야 하고, 시민들에게 다른 것을 명령할 수 없다고 했다.

칼빈의 동료이자 후배, 비레(Pierre Viret, 1511-1571)도 역시 십계명의 두 번째 돌판의 명령들은 (즉, 사람들 사이의 사회적 도덕 법칙이자, 개인적인 윤리 규정들) 첫 번째 돌판에 (즉, 하나님만을 경외하고, 우상을 섬기지 말라는 신앙적 규정들) 의존해야 할 것이라고 풀이했다. 하나님 외에는 어떤 우상도 숭배하지 말라고 명령하였다. 이에 의존해서, 신앙과 예배의 문제에 있어서는, 권세자들에게 저항할 수 있는 권리가 있다는 인식이 확산되었다. 비레의 의견에 동의하면서, 베자는 신앙 양심에 의존하여 예배의 문제에 있어서 권세자의 폭정에 순응할 수 없고, 맞서서 저항할 것을 강력히 주장했다.

베자의 저항권에 대한 인식은 프랑스 위그노를 통해서 드러났다. 예를 들면, 쥴리앙 뒤플레시스 모르네이(Jullian du Plessis-Mornay)는 1579년에 발간한 책에서, "군주가 하나님의 율법에 정면으로 반대되는 명령을 내렸다면 시민들이 복종해야 하는가?"고 반문했다. 그는 용맹한 전사로서 정치적 압박에 맞서서 싸우는 것이 정당하다고 주장했다.[114] 우상 숭배의 문제는 가장 근본이 되는 것이므로, 하나님의 언약 백성들 각자가, 물론 국왕을 포함하여서, 이것을 충실히 지켜야 할 의무가 있다는 것이다. 그는 요시아 왕의 사례를 지적하면서, 왕과 모든 백성들이 하나님의 율법에 따라서 예배를 올려야 하고, 집단적으로 이를 지켜야 한다고 지적했다.

모르네이는 우상을 피해서 다른 나라로 피난을 가도록 권유하는 한편, 무장한 시골이나 지역에서는 언약 백성들을 지키기 위해서 무장하는 것도 가능하다고 조언했다. 유대인들이 율법을 지켰듯이, 그리스도인들은 복음서를 지켜야 한다는 것이다.

이처럼, 순수한 신앙을 지켜나가기 위한 고통과 고난들은 단순히 국왕에게 저항하던 시대에만 끝났다고 생각할 수 없다. 구약 성경에 나오는 아합과 이세벨의 우상 숭배에 맞서서, 위대한 선지자 엘리야 선지자가 싸웠고 하나님의 사람들이 숨어서 고난을 감당했었다.

---

114 Raoul Patry, *Phillipe du Plessis-Mornay, un Huguenot Homme d'Etat, 1549-1623* (Paris: 1933).

3. 청교도 혁명과 참된 교회의 회복

잉글랜드와 스코틀랜드에서도 프랑스 개신교회, 위그노의 고난에 못지않은 핍박을 받았는데, 약 3백여 명의 순교자들과 청교도 혁명의 참가자들 약 25만 명이 교회와 예배의 갱신을 도모하다가 희생되었다. 1553년 메리 여왕이 왕위에 오른 후, 병으로 사망하기까지 5년 동안 로마 가톨릭의 미사를 거부하는 성도가 살아남는 유일한 방법은 유럽으로 피신을 가는 것뿐이었다. 심지어 그들을 찾아내어서 처형했다.[115]

초기 청교도의 선조들 중에는 옥스퍼드 대학의 초청 교수가 되어 가르쳤던 유럽 종교 개혁 신학자 피터 마터 버미글리와 캠브리지 대학교에 왔었던 마틴 부써의 영향이 컸다.[116] 온건한 청교도 신학자 윌리엄 퍼킨스(William Perkins, 1558-1602)가 캠브리지 대학교에 교수가 될 무렵에는 엘리자베스 여왕 치하에서 전개된 초기 청교도 운동이 잉글랜드 전 지역으로 광범위하게 확산되었다.

스코틀랜드에서는 제네바로 피신을 갔다가 돌아온 후, 요한 낙스가 우상 숭배를 금하고, 참된 예배를 회복하는 임무가 군주에게

---

[115] 김재성, 『청교도, 사상과 경건의 역사』 (서울: 세움북스, 2020).
[116] Marvin Anderson, "Royal Idolatry: Peter Martyr and the Reformed Tradition," *Archive für Refomationgeschichte*, 69(1978): 157-200.

있음을 강조했다. 낙스의 영향으로 점화된 예배와 교회의 개혁 운동은 1577년 12월, 귀족들로 하여금 자신들을 '그리스도의 회중'이라고 인식하면서 엄숙한 언약에 서명하기에 이른다. 이들 초창기 청교도의 선조들은 로마 가톨릭을 '사탄의 무리'라고 규정하고, 우상을 숭배하도록 명령하는 국왕에게 저항하기로 결의하였다.[117] 낙스는 온전한 성경적 예배를 거부하고 미사를 강요하는 주교들과 이를 명령하는 국왕과 귀족들은 우상 숭배자들임으로 사형을 시키라는 것이 하나님의 명령이라고 선포했다.[118]

필자는 청교도 신앙의 유산 가운데서, "국가 언약"의 철저한 확신이 주교 체제를 강요하는 왕권에 굴복하지 않도록 격려하는 가장 강력한 힘의 원천이었음을 강조하고자 한다. 스코틀랜드에서 "국가 언약"의 물결이 스코틀랜드 전체로 확산되었던 것은 국왕 찰스 1세가 로드 대주교의 지원을 받아 주교 제도를 강화해 나갔

---

[117] John Knox, *The First Blast of the Trumphet against the Monstrous Regiment of Women* (Geneva: 1558), idem, "The Appellation from the Sentence Pronounced by the Bishops and Clergy," in Laing, ed., *Works of John Knox*, 4:505.

[118] Richard L. Greaves, "John Knox, the Reformed Traditions, and the Development of Resistance Theory," *Journal of Modern History*, vol. 58, n.3(1976): 1-36. idem, "Calvinism, Democracy and the Political Thought of John Knox," *Occasional Papers of the American Society for Reformation Research*, 1(1977): 81-91.

기 때문이다.[119] 1637년 7월 23일, 스코틀랜드 혁명이라고 불리우는 청교도들의 결의가 확정되었다. 국왕과 그 주변의 악한 참모자들에 맞서서, 국가와 교회를 보호하려는 성도들이 에든버러에 모였다. 찰스 1세가 군부대를 보내서 강압 통치를 하려 했으나, 30년 전쟁을 경험한 용맹한 제대 장병들이 버티는 스코틀랜드 군대에 패퇴하고 말았다.

일반 역사에서는 "주교 전쟁"(Bishops' war)이라고 기록된 청교도들의 저항 운동이 1639년과 1640년 두 번 일어났다. 낙스의 영향으로 이미 1580년대부터 장로교회 제도를 시행해온 스코틀랜드 교회의 지도자들은 1638년 2월 28일, 에든버러 프라이어스 교회당에서 "국가 언약" 서명식을 거행했다.[120] 그 해 여름, 찰스 1세는 군대의 위력을 믿고 타협하겠다고 약속을 하면서 의회를 소집하겠다고 했으나, 결국 국왕은 의회를 소집하지 않았다.

스코틀랜드 방어의 보루는 애버딘이었고, 대학교와 신학생들이

---

[119] Allan I. Macinnes, *Charles I and the Making of the Covenanting Movement 1625-1641* (Edinburgh: John Donald, 1991). Ian Cowan, *The Scottish Revolution 1637-1644: The Triumph of the Covenanters* (New York: David & Charles, 1973), 58-63..

[120] Julian Goodare, "The Rise of the Covenanters, 1637-1644," in Michael J. Braddick, ed., *The Oxford Handbook of the English Revolution* (Oxford University Press, 2015).

앞장을 섰다. 스코틀랜드 교회 총회는 언약에 서약하지 않는 목회자들을 강단에서 추방했는데, 90% 이상이 찬성했으므로 거부자는 소수에 불과했다. 국왕이 주교 제도를 강압적으로 시행하려고 파견한 두 차례의 전쟁은 스코틀랜드의 저항에 부딪혀 실패로 돌아갔다.

잉글랜드에서도 신뢰를 잃어버린 찰스 1세는 절대 왕권으로 군림하려 했으나, 상하 명령 체제로 이뤄지는 주교 제도는 이미 장로교회의 제도를 선호하던 의회의 요구에 정면으로 배치되는 제도였다. 결국 이러한 교회의 통치 제도의 문제는 국왕의 권세를 등에 업고 과도한 폭거를 일삼던 로드 대주교에 대한 반발로 이어졌다. 1643년, 121명의 신학자, 목회자들과 30명의 평신도 대표가 참석하는 웨스트민스터 총회가 소집되었고, 이를 지지하는 올리버 크롬웰의 "새 모델 군대"가 왕당파를 제압했다. 지역 교구에 기반을 둔 노회와 전국 총회 제도(1645년), 모든 성일을 폐지하는 예배 규정들이 제정되었다(1645년), 수많은 신학자들의 토론을 집약한 신앙고백서(1647년)가 채택되었고, 스코틀랜드 교회에서도 이 고백서를 수정 없이 채택했다. 훗날 왕권 복고 이후에도, 청교도 신앙의 유산으로 남아서 기독교 신앙의 가장 중요한 요약으로 활용되고 있다.

의회파의 지도자 올리버 크롬웰(Oliver Cromwell, 1599-1658)의

통치 기간 동안에 청교도들은 예배 중심의 생활을 강화해 나갔다.[121] 1650년에, 럼프 의회(the Rump Parliament)에서는 주일날 교구 예배에 불참한 사람들에게 부과하는 벌금 제도를 폐지하고, 그 대신에 시민들에게 "하나님의 예배가 진행되는 곳이자, 봉사가 시행되는 공적인 장소에 출석하기를 권고하며, 신앙적인 의무가 실행되는 다른 장소에도 참석하여서, 기도, 설교, 성경 읽기, 성경 공부, 혹은 이와 같은 일에 동참하도록 하라"고 결의했다. 크롬웰 통치 시기에 내린 이 결정이 예배와 신앙의 표현에 대한 자유를 완전히 제도화 한 것은 아니지만, 반율법주의자들이 무신론적이고, 신성 모독을 일삼으며, 방자한 생활을 하고 있던 시대의 결정으로는 매우 관대한 처사였다.[122]

1653년 로마 가톨릭의 교구 제도는 폐지하고, 평신도 9명, 목회자 29명으로 구성되는 지역별 성직자 심의위원회가 목사후보생의 성경 지식, 경건 생활, 은혜의 체험 등을 검증했다. 매년 약 7백여 명의 목회자 후보자들이 지역별 위원회의 심사를 받았는데, 여기에는 장로교회만이 아니라 독립교회들과 침례교회가 참여했다.

---

[121] J. C. Davis, "Crommwell's Religion," in *Oliver Cromwell and the English Revolution*, John Morrill, ed.,(London: 1990), 181-208. Jefferey R. Collins, "The Church Settlemnet of Oliver Cromwell," *History* 87(2002), 27-30.

[122] Antonia Fraser, *Cromwell: Our Chief of Men* (London: Phoenix, 1973), 489-505.

각 지역에서는 상당수의 교회가 퀘이커파에 속해 있었다.

크롬웰의 사망 이후에, 1660년에 챨스 2세가 복귀하게 되면서, 청교도들의 막대한 희생과 피해가 초래되었다. 단일 군주에 대한 충성심이 강했던 일반 시민들은 청교도들의 교회 개혁보다는 왕권으로 통일된 국가 체제로 복귀하는 일에 호응하게 된다. 이것은 스코틀랜드에서도 정치 제도에 대한 분열이 촉발된 이유였다. 1662년, 통일령이 발포되었는데, 모든 교회는 국왕에게 충성하고, 무기를 들고 대항할 수 없다는데 서명해야 했다. 하지만 국왕의 명령을 따르지 않고 엄숙 동맹과 언약에 서명한 자는 설교 강단에 설 수 없었다. 다시 영국 전체 교회는 주교 제도가 전체 국가의 교회 체제로 복귀된 후, 알미니안주의가 성행하였고, 다시 성공회 예배 규칙을 따라야만 했다.[123] 이를 거부하는 2천여 명의 비서명파 청교도들이 쫓겨났고, 숨어서 모이다가 감옥에 투옥되고, 다른 직업으로 전환했다.[124] 비서명파에 동정하는 자들에 대한 핍박이 극심했다.

---

[123] Nicholas Tyacke, "Arminianism and the Theology of the Restoration Church," in *The Exchange of Ideas: Religion, Scholarship, and Art in Anglo-Dutch Relations in the Seventeenth Century*, eds., S. Groenveld and M. Wintle (Zutphen, 1994), 68-83.

[124] Michael R. Watts, The Dissenters, Vol. II: *The Expansion of Evangelical Nonconformity* (Oxford: Oxford University Press, 2015), 227-37.

참된 부흥을 열망하라

코로나19 펜데믹 이후, 한국 교회는 엄청난 시련과 도전에 직면할 것이다. 대부분 교회가 극심한 타격을 입었다. 이제는 교회로 모이는 성도가 급격히 줄어들어 버렸다. 목회자의 역할과 과제는 교회의 생존을 어떻게 유지하느냐에 달려 있다.

이러한 때에 가장 조심해야 할 유혹은 가짜 부흥, 거짓된 복음이다. 사람을 더 많이 모으고, 더 큰 건물과 프로그램으로 인정을 받으려 할 때에는 언제나 편법이 개입될 수밖에 없다. 가짜 부흥은 불순물이 가득 담긴 거짓 복음을 타고 교회에 퍼져나간다.

참된 교회는 앞으로 진정한 부흥을 향해 매진해야 한다. 한국 교회는 6.25 전쟁 이후로 최근까지 70년 동안에, 엄청난 경제 성장의 혜택을 누렸다. 한국의 기적적인 경제 발전에 따라서, 교회마다 놀라운 양적인 성장과 축복을 누려왔다. 그러나 이제는 한국 교회가 과연 어디로 가야 하느냐를 놓고 진정한 반성과 성찰이 필요하다. 과거와 같은 방식으로 교회의 외형적인 급성장을 도모하는 일은 거의 없을 것이기 때문이다.

필자의 제안에 오해가 없기를 바란다. 필자는 한국 교회가 진정한 부흥을 도모하여야 한다고 믿는다. 새로운 시작을 위해서, 부흥을 위하여 준비하고 기도해야 할 때이다. 다만, 우리가 그동안에 관행처럼 지속해온 방법들, 소위 전통적인 부흥 방식에 얽매여 있다면, 과감히 벗어나야 한다는 주장을 하는 것이다. 가짜 부흥 운동으로는 세상을 변화시킬 경건의 능력과 힘을 결코 발휘할 수 없다.

다시 한번 확인하고자 한다. 귀하는 어떤 마음가짐을 가지고 사역하고 있는가? 진정한 교회의 부흥을 얼마나 열망하고 있는가? 부흥을 혹시라도 세상적인 성공으로 착각하고 있는 것은 아닌가? 조금이라도 다른 사람의 구원에 관심을 갖고 있는가? 그냥 자신만의 만족을 위해서 산다면, 교회의 부흥을 포기한 것이나 다를 바 없다. 그냥 뜨겁지도 않고, 차갑지도 않은 채 미지근하게 신앙생활을 영위하는 것은 아닌가? 누가 앞장을 서도 우리 교회는 부흥할 수 없다는 생각에 사로잡혀 있지는 않는가? 무엇이 걸림돌인가? 누가 가장 부흥을 방해하는 자인가? 하나님이 영광을 받으시도록, 불신자들이 돌아와서 회개하길 위해서 얼마나 기도하고 있는가? 전도할 사람들의 이름을 적어 놓고서, 사력을 다해 쉬임 없이 부르짖고 있는가? 하나님께 얻지 못함은 무슨 까닭인가? 기도하지 않고 욕심내고, 시기하기 때문이며, 기도하더라도 잘못 구하였기 때문이다(약 4:2-3).

사실 모든 목회자들은 자신의 존재를 던져서 교회 부흥을 위해서 노력하고 있는 중이다. 그 어떤 목회자가 자신이 섬기는 교회의 부흥을 사모하지 않겠는가! 때로는 헌신의 방법과 과정이 선한 결과로 이어지지를 못해서 안타깝다. 목회자의 모든 언행에서 성도들의 신뢰와 존경을 받지 않으면 부흥으로의 동력화가 불가능하다. 일반 성도들은 매일 성경을 읽고, 예배 출석에 열심을 다하고 있고, 기도 모임과 제자 훈련, 혹은 각종 봉사 활동에 최선으로 참여하고 있다면, 전통적인 교회의 모습을 유지한다고 말할 수 있다. 참된 교회의 부흥은 걸림돌이 되는 방해자들과 방관자들이 변화를 받아서 동력화 될 때에만 가능하다.

특히 목회자 자신이 교회의 부흥에 열쇠를 갖고 있기에, 성도들의 불평과 불만을 최소화하도록 각별히 노력해야 한다. 부흥의 방관자로 남는 교인들이 없어야 하고, 목회자 자신도 부흥의 걸림돌이 되지는 않는지를 돌아보아야 한다. 주님! 냉소주의와 비관론에 맞서서, 성령으로 충만한 일꾼들이 염원하는 부흥을 한국 교회에 다심금 허락하여 주옵소서!

진정한 부흥이란 무엇인가?

우리는 교회의 부흥을 위해서 기도하며, 불쏘시개가 되어서 교회가 활활 불꽃처럼 힘차게 되살아나기를 소망한다. 한국 교회의 양적 성장과 질적인 성숙을 간절히 기도하며, 진심으로 염원한다. 결론부터 먼저 말하자면, 교회의 부흥은 하나님께서 주시는 선물이다. 하나님의 은혜가 내려올 때에 교회는 충만한 사랑을 체험했다. 사도행전에 소개된 초대 교회 그 모습대로 수천 명이 모이기도 하고, 때로는 핍박 속에서 흩어지기도 하였지만, 교회가 날마다 든든히 세워져 나갔다.

말씀으로부터 죄인의 심령에 울려 퍼지는 감동, 이는 성도들이 흔들림 없이 신앙으로 살아가는 원동력이다. 성령의 역사하심이 없으면, 말쟁이의 수사학에 불과하다. 생명의 원천이 되는 말씀이 증거 되며, 심령에 부흥이 일어나서 회개하고 변화를 받으며, 감사와 찬양이 넘치며 성도들 사이의 유무상통이 충만하기를 기도하는 심정이다. 우리는 전 세계 모든 교회 안에서 모든 성도들이 평안하고 행복하며 만족을 얻게 되기를 진심으로 기원한다. 한국 교회가 체험했던 평양 장대현교회의 회개 기도와 여의도 광장에서 수백만 명이 운집하던 것만이 부흥이라고는 누구도 말하지 않을 것이다. 성도가 홀로 말씀을 조용히 묵상하면서 홀로 눈물을 흘리면서 하나님과의 교제를 나누는 모습도 소중하게 여긴다는 말이다. 우리는 말씀의 부흥, 기도 생활의 감격, 경건의 성장, 전도의 열매를 맺고 선교하여 개척 교회를 세우는 일들을 모두 다 부흥이라고 말할 것이다.

오순절 날에 성령의 부으심이 있었고, 엄청난 숫자가 회개하고 돌아왔다. 성령의 새롭게 하심으로 일어나는 현상이 바로 부흥이다. 하지만 이런 부흥에 대해서 어떻게 이해하느냐는 질문이 남아 있다. 부흥은 전적으로 성령의 역사로 말미암아 일어나지만, 사람의 참여와 역할에 대해서는 각자 견해가 너무나 다르다.[125]

영국 신학자 이안 머레이는 『부흥과 부흥주의』에서 오늘날의 복음적인 교회들이 이해하는 부흥은 세 가지 견해와 입장이 있다고 지적하였다.

첫째, 부흥이라는 것을 평소에 진행하는 갱신 혹은 지속적인 변화로 이해하는 관점이 있다. 어떤 특별한 날이나 어떤 초자연적인 특정한 현상만이 부흥이라고 해서는 안 된다는 것이다. 대표적으로 화란 개혁교회가 취하는 입장이고, 아브라함 카이퍼가 『성령의 사역』에서 주장한 견해이다. 신약 시대는 이미 전체적으로 지속적인 성령의 사역이 있으므로 어떤 특정한 사건으로 부흥을 말할 수 없다는 것이다. 성령은 이미 오셨고, 충만하게 지속적으로(once for all) 역사하고 있다는 해석이다.[126]

둘째, 부흥을 일시적이며, 특별한 현상으로 이해하는 경우이다. 부흥을 특별한 사건적인 관점으로 보는 입장인데, 여기에서도 약간 차이가 나는 두 가지 흐름들이 있다. 그 중에 하나의 견해는 부

---

[125] Joel R. Beeke, *Puritan Reformed Theology: Historical, Experiential, and Practical Studies for the Whole of Life* (Grand Rapids: Reformation Heritage Books, 2020), 8-10.

[126] Iain Murray, *Pentecost Today? The Biblical Basis for Understanding Revival* (Edinburgh: Banner of Truth, 1998), 7.

흥은 사람의 순종에 대한 조건적 축복이다라고 해석하는 입장이 있다. 찰스 피니(Charles G. Finney, 1792-1875)의 영향으로 인해서 확산된 부흥 운동이 바로 이러한 전형이다. 사람이 열정적으로 노력하면, 특별한 초자연적인 부흥을 체험할 수 있다고 믿는다. 또 다른 견해로는 회개와 개인적인 거룩함을 갱신하는 노력을 하면, 부흥으로 연결된다는 입장이다. 1950년대에 요나단 고포트와 던컨 캠벨이 주장했는데, 근거로 삼는 성경이 역대하 7장 14절이다: "내 백성이 그들의 악한 길에서 떠나 스스로 낮추고 기도하여 내 얼굴을 찾으면 내가 하늘에서 듣고 그들의 죄를 사하고 그들의 땅에서 고칠지라"는 말씀이다. 이런 입장은 알미니안주의에 근거한 부흥주의라고 지적할 수 있는데, 이들은 완전하고도 철저한 순종을 다짐하게 되면, 축복을 받을 뿐만 아니라 부흥의 상급을 받는다고 주장한다.[127]

셋째, 부흥을 성령의 주권적인 부으심으로 이해하되, 일반적으로 나타나는 현상들이라기보다는 죄인들의 구원에 관련해서 발생하는 것으로 가르치는 입장이다. 이 견해는 가장 전통적인 부흥에 대한 인식이며, 존 오웬, 조나단 에드워즈, 마틴 로이드 존스, 패

---

[127] Duncan Campbell, *The Price and Power of Revival* (London: Scripture Illustrations, 1956), 530-540.

커, 이안 머레이 등이 취한 입장이다.[128] 앞에 언급한 첫 번째 부흥에 대한 해석과는 달리, 세 번째 견해는 어떤 특별한 현상이나 사건을 통해서 초자연적인 하나님의 간섭을 기대한다는 입장이다. 사도행전을 면밀하게 살펴본다면, 진정한 부흥은 교회의 일상적인 체험과 전혀 다르지 않으며, 성령의 강권하심으로 말씀을 통해서 기본적으로 심령에 부어지는 은혜로만 회심이 가능하다.

하지만, 세 번째 해석에서는 부흥이라는 체험과 현상이 일상적인 신앙생활과 동일한 종류이지만, 그 정도와 깊이가 다르다고 보는 것이다.[129] 부흥은 성령의 부으심으로 훨씬 더 많은 사람의 회심이 일어나고, 일상의 신앙생활보다는 훨씬 더 영적인 성숙이 깊어진다고 보는 것이다. 죄 사함에 대한 깊은 확신이 주어지고, 보다 강렬한 체험을 갖으며, 하나님을 사랑하는 생각으로 압도당하게 된다. 1907년 한국 평양 대부흥 운동을 생각하게 될 때에, 필자도 이 세 번째 견해의 부흥 운동을 지지하는 입장이다.

다시 말하면, 우리가 꿈꾸는 진정한 교회 부흥과 목회 성공은 세상적인 평가와 세속적인 방법으로 이뤄져서는 안 된다. 교회에 나오는 성도들도 세상에서의 권세, 많은 재물과 물질적인 풍요로움,

---

[128] I. Murray, *Revival and Revivalism*, 23.
[129] Beeke, *Puritan Reformed Theology*, 10.

다른 사람들의 부러움을 사는 명예와 인기, 육체적으로 즐기는 쾌락과 오락에서 과히 멀리 떨어질 수 없다. 이런 것들은 전혀 영원한 기쁨의 원천이 아님에도 불구하고, 사람들은 일생동안 매달려 살아간다. 교회는 이 땅 위에 있는 것들로는 모든 사람들이 행복해질 수 없음을 명확하게 가르치는 곳이다. 세상에 있는 것들과 눈으로 보고 바라는 것들을 통해서는, 진정한 행복과 평화를 얻을 수 없기 때문이다.

교회는 세상에 있는 것들로는 만족함이 없음을 깨닫게 해 주어야 한다. "육신의 생각은 사망이요, 영의 생각은 생명과 평안이다."(롬 8:6) 인간의 본질과 삶의 진실은 성경에 계시되어 있다. 말씀을 제시하여 어두운 마음에 빛을 주는 곳이 바로 교회이다. 부자든지, 권력자든지, 저명한 사람이든지, 깊은 공허와 미래에의 두려움에서 벗어난 사람은 그 누구도 없다. 모든 인간은 죄악에 뒤섞여 있기 때문에, 마음의 평화를 가질 수 없다. 오직 주 예수 그리스도 안에서 하나님과 화목하여 요셉처럼 형통케 하심을 얻도록 성도들을 인도해 주어야 한다.

가짜 부흥에의 반성을 철저히 해야 한다

기본적으로 교회의 부흥은 예수를 믿지 않던 죄인들이 돌이켜서 하나님 앞으로 돌아오는 사도행전의 사건들이라고 정의할 수 있다. 하나님께서는 죄인들을 구원하시고, 그들이 새롭게 되는 것을 가장 기뻐하시며 즐거워하신다. 그런데 대부분의 교회론 교과서들은 교회 체계에 대한 교리들과 이론적인 내용들로 구성되어 있다. 목회학의 초점은 목양 사역의 부흥과 갱신이라고 할 수 있는데, 세속적인 지도력 강화(리더십 세미나)에 매달리고 말았다. 교회론은 성장을 다루는 목회학이나, 대외적인 사역으로 전도학이나 선교학에서 다루는 내용과 연관성이 많은데, 초점은 잃어버린 영혼의 수확이다.

지금까지 한국 기독교계에 소개되어 오던 교회론과 목회학은 어떠했던가? 아직도 한국 교회에서는 "교회 성장학"과 "목회 성공"에 매달리고 있다. 교회 성장 세미나에서 사용하고 권장하는 방법론과 전략들은 거의 대부분 교회의 본질을 훼손할 정도로 세속적인 것들을 포함하고 있다. 가장 효과를 두드러지게 보여주는 양적인 성장을 위한 방법론이 우선적이다. 안타깝게도 예수 그리스도의 몸된 교회로서 거룩함을 지켜나가야 하는 중심 주제들은 완전히 뒷전으로 밀리고 말았다.

"교회 성장학"(church growth)이라는 용어와 방법들은 미국 풀러신학교 도널드 맥가브란 교수가 세계 선교를 위해서 지극히 세상적인 사회학과 분석 등을 활용함으로써 처음 도입되었다.[130] 그는 인도 선교사의 3세대 자녀로서 어떻게 하면 교회가 정착하여 발전할 것인가를 전략적으로 접근하였고, 교회사에서 부흥이 일어났던 시기에 중요한 특징들을 찾아냈다. 1965년에 풀러신학교에 세계선교대학원을 정착시키고, 수많은 목회자들과 선교사들에게 어떻게 하면 교회를 세워나갈 것인가를 가르쳤다. 전도와 제자 훈련이라는 방법이 주된 내용이었지만, 전략은 사회학과 세속 사회에서 얻어온 것들이었다.[131] 그 후로, 한국 교회 목회자들도 수없이 많은 교회 성장론과 목회 성공 방법들을 만들어냈다. 하지만 이제는 더 이상 이런 세속적인 개념들을 한국 교회가 사용해서는 안 된다.

1986년에 "미국 교회 성장을 위한 협의회"(the American Society for Church Growth)가 결성되었는데, 이들이 지향했던 교회 성장학의 핵심이 무엇인가? 이 모임을 주도했던 선교 신학자 맥가브란의 인도에서 경험한 선교 사역은 높이 평가할 부분들이 많이 있고, 그가 문제로 제기하는 동기가 과히 물질주의적이라고 할 수 없기에

---

[130] Donald Anderson McGavran, *The Bridges of God: A Study in the Strategy of Missions* (World Dominion Press, 1955).

[131] Ed Stetzer, "What's the Deal with the Church Growth Movement?(part one)" *Christianity Today*, 2012년 10월 1일자.

긍정적인 부분들도 있다. 하지만, 사도 바울과 같이, 그의 전도와 복음 전파 사역에서 오직 예수 그리스도만을 영화롭게 하려는 입장이 다소 부족했음이 현존하기에 안타까울 뿐이다. 그는 세 가지 핵심 내용으로 이렇게 요약하였다.

첫째, 하나님께서 자기의 잃어버린 자녀들을 찾아내고 품어주시기를 원하신다는 것이다. 기독교인들이 구세주이자 하나님이신 예수 그리스도를 선포하게 되면, 남자와 여자들이 교회의 책임 있는 회원이자 제자들이 될 것이라는 점이다. 둘째, 교회 성장의 원인들과 방법론들이 시행되어야 한다고 주장한다. 하나님께서 우리에게 선교의 대사명을 주셨는데, 반드시 활용 가능한 방안들을 동원해야 한다고 강조한다. 부흥의 정도와 쇠퇴의 원인들을 발견해서 실제적인 결과를 낳을 수 있도록 해야 한다는 것이다. 셋째, 목표를 명확하게 정하고, 사람들을 그리스도에게로 데려올 수 있는 과감한 전략들을 개발하라고 충언한다. 새로운 교회들을 개척할 때에 의미 있는 확신의 결과물이 나오도록 해야만 한다는 것이다.

결국 여기서 말하는 교회 성장은 참석하는 성도들을 늘이는 양적인 방법론들을 개발하는 것이다. 미국에서 초대형 교회를 추구하는 목회자들은 초신자들이나 방문자들이 편안하게 느껴지도록 모든 교회 시설들을 창조적으로 재정비하는 방안을 강구했다. 매력적인 교회 모델로는 아이돌봄 센터, 스포츠 프로그램, 현대식 음악을 채용하여 금요일이나 토요일에는 주일 예배와는 전혀 다른 개방형 집회를 개최하였다. 독립적인 침례교회들과 은사 운동 교회들, 연합감리교회 등이 호응했지만, 미국 장로교회와 개혁주의 교회들은 그리 탐탁하게 생각하지 않았고, 신학대학원에서도 목회학 강좌에서 비판 일색이었다.[132]

교회 성장학의 방법론들에 대해서 일반 신학계와 교회 지도자들의 평가를 간략히 정리한 책자가 나왔다. 맥가브란의 제자들이 집중적으로 기고한 책, 『교회 성장학에 대한 다섯 가지 관점들』이다. 이 책은 기본적으로 성장의 전략들을 긍정하는 입장에서 서술하였고, 그에 대한 비평적 평가들을 담고 있다.[133] 목회적 방법론에 관심 있는 교회 사역자들이라면 충분히 살펴볼 수 있을 것이기에, 필자가 여기에다가 이 책에 기고한 신학자들과 목회자들의 입

---

[132] Phil A. Newton, "The Package Matters: Problems with the Church Growth Movement," *Areopagus Journal*. Apologetics Resource Center(Troublesome Movements in the 21st-Century Church). (2007년 5월). John H. Armstrong, "Problems related to seeker-sensitive worship," *Reformation & Revival Journal*, vol. 29(1994): Carol Stream, IL: Reformation & Revival Ministries. vol. 3(3).

[133] Paul Engle and Gary McIntosh, eds., Evaluating the *Church Growth Movement: Five Views* (Grand Rapids: Zondervan, 2004); 『교회 성장 운동 어떻게 볼 것인가』 엘머 타운즈 외 4인 지음, 김석원 역(서울: 부흥과 개혁사, 2009).

장을 다시 재조명할 필요는 없을 것이다. 핵심만 간추리면 다음과 같다.

『교회 성장학에 대한 다섯 가지 관점들』의 편집자, 엘머 타운은 풀러신학교에서 목회학 박사를 수료한 입장이므로, 교회 성장의 방법론을 옹호하는 변증에 치중했다. 그는 어떻게 교회 성장을 하는지 발견하기 위해서 사회 과학들의 조사 방법론들을 채용해야 한다고 주장했다. 이에 개혁주의 선교학자 크레익 반 겔더는 교회 성장의 사고방식에 의문을 제기했고, 교회 성장학이라는 주요 논쟁점들은 제쳐두고, 선교학적인 문제인 "복음과 문화"에 대한 관점들을 다루었다. 자신의 전공에 치중하면서, 그는 선교적 교회로 나가야 한다는 것을 촉구하는 선에서 그쳤다. 또 찰스 반 엔겐은 교회 성장학을 지지하는 입장이면서도, 자신만의 신학적인 입장이 어떤 것인지 확실하게 보여주지 못하였다.

개혁주의 입장에서 교회 성장학을 비판한 게일린 반 리난은 교회 성장학에 대해서 공손하면서도 신랄한 비판을 가했다. 성경의 권위를 존중하기보다는 광포한 실용주의 노선에 근거하고 있다고 지적하였다. 미국의 상업주의를 분석해보면, 실용주의가 자리하고 있는데 이런 사상은 비기독교 사상이라 할 수 있다. 하워드 스나이더는 "교회 성장"보다는 "하나님의 나라"를 먼저 생각할 것을 주문했다. 교회 성장에 집중하게 되면, 복음의 사회적 참여와 기여를 소홀히 하는 쪽으로 나가게 된다는 지적이다. 그럼에도 전체적으로 이 책은 교회 성장학에 대해서 철저하고도 치열한 비판을 제시하지 못하였다.

필자가 앞에서부터 설명하여온 책, 『교회 성장학에 대한 다섯 가지 관점들』에 실린 교회 성장학을 개혁주의 입장에서 평가할 때에 가장 심각하게 느껴지는 문제점은 바로 성경을 해석하고, 바라보는 관점이다. 이들 저자들은 교회 성장에 필요한 내용들과 프로그램들에 우선순위를 두고 있고, 그런 방법들을 성경에서 찾아 제시하려는 의도에서 본문들을 활용하고 있을 뿐이다. 결국 교회 성장은 예수 그리스도와 복음의 내용을 심각하게 왜곡하는 것으로 흘러갔다. 성경의 권위가 궁극적으로 지켜지지 않았고, 교회 성장의 프로그램이 더 우선시 되고 말았다.

우리는 교회 성장 이론의 관점에 대해서 면밀한 검토를 하지 않을 수 없다. 교회의 성장을 중요시 한다는 것은 그들의 신학적인 강조점이 무엇인가를 드러내고 있다고 할 수 있다. 교회 성장의 안목에서 소중한 것들은 강조되지만, 그렇지 못한 부분들은 중요한 요소들이 아니라고 하기 때문이다. 말씀과 기도와 성례를 동반하는 예배가 중요한가, 아니면 더 많은 사람들을 모이도록 하는 요소들이 더 중요한가? 이것은 결국 성경에서 강조하는 참된 교회에 대한 이해가 달라졌음을 반영하는 것이다. 성경에 의해서 인도

함을 받지 않는 교회가 되도록 하고, 오직 더 많은 숫자가 모이게 하는 데만 치중하는 것은 교회론의 변질이자, 정말로 나쁜 신학이다.

한국 속담에는 "꿩 잡는 게 매다"는 말이 있다. 결과를 만들어내기만 한다면, 잔인한 수단도 정당화하려는 것이다. 이것은 한국식 실용주의를 집약한 말이다. 서양에서 활용되고 있는 상업적 실용주의는 철저하게 "실용성"(useful)을 지식의 근간으로 삼는 인본주의적인 생각인데, 니체의 인간 중심주의에서 나온 것이다.[134] 결코 하나님 중심으로 남을 존중하고, 사랑하면서 살아가야 할 하늘나라 백성들이 배워야 할 삶의 태도가 아니다.[135]

이런 속담은 마치 세속 정치에서 가장 잔인한 혈투가 집약된 『삼국지』 이야기와 유사하다고 하겠다. 우리는 옛날 중국에서 벌어진 세 나라의 혈투를 자주 인용하고 있는데, 사실상 우리 기독교인들이 그들에게서 배울 것이 별로 없다. 건전한 신의와 윤리와 대의를 중요하게 생각하지 않고, 오직 수단 방법을 가리지 않고 권력을 쟁취하는 자가 승리하게 된다면, 그런 나라의 미래는 과연 무엇일까? 정치와 기업은 오직 생존 목적을 위해서 권모술수를 일삼

---

[134] Frame, *A History of Western Philosophy and Theology*, 333.
[135] Susan Haack & Robert Edwin Lane ed., *Pragmatism, Old & New: Selected Writings* (Prometheus Books, 2006), 18-67.

는 책략가들이다. 교회가 과연 그런 단체들을 닮아가야 하는 것인가?

우리가 사람의 생각에서 나온 것에 치중한다면, 결국 사람의 이론에 머물고 만다. 목회 성공의 신학이 사람에게서 나온 생각을 정리한 것이라면, 그 성공은 가짜에 불과하다. 사람의 지혜와 과학과 이론들은 일시적인 성공에 도움을 줄 수 있을지 모른다. 우리는 수많은 한국 교회에서 소위 목회에 성공했다는 사례들을 보아왔다. 그동안 짧은 기독교 역사를 가진 한국 교회에서 목회 성장이 가져온 결과가 무엇을 남겼는가를 살펴보아야 한다. 소위 한국 대형 교회들의 지도자들이 어떤 결과를 빚었는가를 냉철하게 되돌아보아야 한다.

교회 성장학은 개혁주의 신학이 그렇게 비판해 온 로마 가톨릭 교회의 "행위 중심의 교회" 이론과 큰 차이가 나지 않는다. 시장 경제가 주도하고 있는 자본주의 구조 속에서는 목회 성공은 물질적으로 화려한 포장을 하고 있다. 그러한 사회 환경에서는 황금만능주의를 벗어날 길이 없다. 전 국민을 각 지역 교회에 출석하게 했던 로마 가톨릭교회야말로, 성경적으로, 그리고 목회 성장학으로 볼 때에, 가장 성공한 사례라고 할 수 있을까?

현대 교회는 엄청난 변화의 소용돌이 속에 처해 있다. 새로운 교회 성장을 염원하는 입장에서 여러 가지 방안들을 모색하려는 의도는 이해할 수 있다. 교회를 살려내려는 동기에 대해서도 충분히 공감한다. 현대인들이 살아가는 방식과 양식은 급속히 변모하였고, 한국 사회는 짧은 기간 안에 수백여 년간 지탱해 온 모든 요소들을 잃어버렸다. 물질 만능주의가 세상을 바꿔놓았다. 영국을 비롯해서 서구 유럽에서는 19세기에 산업 혁명으로 기계화가 이뤄지면서, 세계 산업 구조가 농업 중심에서 상업과 대량 생산 방식으로 완전히 바뀌었다. 노동집약적인 산업들이 등장하면서, 도시화가 확산되었다. 뉴욕 등 세계 주요 도시들은 주식 시장과 자본금을 놓고서 거래하는 새로운 형태의 대주주들을 양산했다. 동시에 자본을 소유한 자들은 합법적으로 시장 경제의 가속화와 더불어서 천문학적인 물자를 소비케 하여 엄청난 부를 축적했다. 세계적으로 교역량이 증가하였고, 모든 생산품은 그 수량과 질에 있어서 무한 경쟁 상태로 내몰렸다. 자동차나 비행기나 기차와 선박 등 전혀 상상할 수 없는 기술 문명의 진보가 진행되면서, 하나님의 은혜와 성경의 가르침은 뒷전으로 밀려나고 말았다. 산업화와 근대화를 추구하는 사회의 변화는 제3 세계 개발 도상국에서 더욱더 급속하게 진행되고 있다. 농업 사회에서 도시 문화로 진입한 후에, 도시 교회들의 주도가 나타났다.

교회를 병들게 만든 것은 물질 만능주의만이 아니다. 전 세계 곳곳에서는 교회와 대결하는 수많은 종교가 영향력을 발휘하고 있다. 기독교의 유일성에 반기를 드는 종교 다원주의(pluralism)는 기독교 복음의 절대성을 훼손하고 말았다. 종교 간에 평화를 도모하는 대화 모임에서는 종교 상대주의가 자리를 잡았다. 모든 종교는 동일하다는 생각이 새로운 시대적 풍조로 자리 잡아가고 있다. 교회 안에서도 각 교단이나 교파를 벗어나서 초교파주의 현상들이 늘어났다. 안타깝게도 예배 중에 선포되는 설교 시간도 짧아졌다. 말씀의 권위는 점차 힘을 잃어가고 있으며, 쉽게 교회를 옮겨다니는 사람들이 늘어나고 있다. 자신이 회원으로 속한 하나의 지역 교회에 헌신하고 봉사하려는 성도들이 줄어들어 버렸다.

지금 한국에서는 정부의 교회 탄압과 언론의 왜곡 보도로 마치 교회가 코로나19 바이러스의 확산 기지처럼 혐오 기관이 되고 말았다. 수많은 교회가 사람들의 생활 공간에 함께 자리하고 있지만, 과히 중요한 곳으로 취급되지 않고 있다. 과거에는 교회에서 정한 예배와 각종 기도 모임에 참석하는 것을 생활의 중심에 두고 살아갔다. 필자의 부모님 세대들은 매일같이 새벽기도회에 참석하는 것을 필수적인 삶의 의무로 간주했었고, 교회가 제일 우선이요 최고의 모임이었다. 그러나 일상이 바빠진 현대인들은 주일날 오전 예배 시간마저도 출석하지 않은 채, 자신들이 하고 싶은 일에 집중하고 있다. 코로나19 바이러스가 확산되면서, 교회에 출석하는 집회가 무지한 자들이 비과학적인 맹신에 매달리는 것으로 매도되고 있다. 이처럼, 매스 미디어의 발달로 교회 주변에서의 인식의 변화가 엄청나게 일어나고 있다.

현대인들의 문화에 따라서, 가치관이 엄청나게 변하고 있다. 과거와 달리, 예배 요소와 순서들, 찬양 시간의 음악에서도 큰 변화가 일어나고 있다. 방법을 개발해서 바꾸는 것만으로는 과연 올바른 교회가 유지될 수 있을지 장담할 수도 없다. 이제는 중요한 기관이자 선진적인 제도를 갖춘 교회가 성도들에게 주었던 혜택들을 잊어버린지 오래되었고, 존재 의미가 점점 사라지고 있다. 이런 현상들이 현대 목회자들의 설교와 가르침에도 큰 영향을 끼쳤다. 이런 모든 것들이 현대 교회의 쇠퇴에 작용하고 있는 것만은 사실이다.

이러한 시대의 흐름 속에서, 현대인들에게 맞는 교회 성장론이 나온 것이라고 본다. 성공적인 목회론, 혹은 목회 성장학이라는 "과목"을 설정하자, 수많은 목회자들이 모여들었다. 대형 교회마다 교회 성장학 세미나를 열었고, 목회 성공의 비결들을 제공하는 강좌들이 넘쳐났다. 하지만 대부분의 교회 성장 세미나는 양적인 확장과 교세 팽창으로 치중하는 현상이 두드러지게 나타났다. 더구나 이들 강좌들에서 제공하는 "세속화된 방법론"들이 소개되면서, 교회론의 변질이 심각하게 일어났다.

한국에서는 대기업을 운영하는 재벌들이 유명한 가문으로 등장했다. 현대인들은 문화적 가치들을 돈과 권세와 명예와 인기 등으로 평가하고 있다. 이처럼 기독교계에서도, 심지어 교회 안에서도 대형 교회가 마치 재벌 그룹처럼 영향력을 발휘하고 있다. 현대 사회에서 성공한 사람이란 돈이 많거나, 매스컴에서 널리 알려진 유명 인사가 되거나, 혹은 인기가 높은 사람을 의미한다. 교회 성장의 환상을 따라가는 목회자들도 역시 이러한 부류의 한 가지에 매달리게 되었다. 성공한 사람들이 모이는 서울 강남 지역의 교회들은 마치 "탑 브랜드 아파트"처럼 알려지게 되었다.

목회 성공의 신드롬이 낳은 폐해는 세속화 현상에 불과했다. 한국에서 성공한 사람에 대해서 언급할 때에 유명한 일류 학교를 졸업하고 거대한 재벌 그룹 회사에서 높은 연봉을 받는 고위 직책을 가진 사람이라고 말한다. 이렇듯이, 성공한 목회자들의 행태가 별반 다르지 않았다. 서울 강남의 어떤 대형 교회 목회자는 영국제 최고급 자동차를 타고 다닌다는 것을 자랑하였다. 이러한 것이 과연 목회자로서 성공한 것이라고 말할 것인가?

하나님께서는 "수고하고 무거운 짐"을 진 자들에게 그저 다 "나에게 오라"고 부르시지 않았던가? 하나님께서는 주일 오전 예배 시간에 몇 명이나 출석하는 곳에 다니느냐고 묻지는 않으신다. 교회의 본질에 대한 진실한 성경의 교훈은 제쳐두고, 오늘날 목회 성공은 무엇을 내세우고 있는가? 교회 성장학이 빚어낸 왜곡된 인식은 세속화된 가치 평가로 목회자와 교회를 미혹하고 말았다. 그로 인해서 겉으로 보여주기식으로 진행되는 프로그램들과 사역들이 나열되고 있다. 외적으로 포장하기를 즐겨하는 교회론의 변질이 초래된 결과이다. 현대 교회는 찬송을 회중들의 다 함께 노래 부르기로 바꿨다. 교회의 찬양은 하나님께 올리는 곡조 붙은 기도가 아니라, 현대 음악적인 유희와 다를 바 없게 사람들의 심리적 위로에만 치우치고 말았다. 찬양은 더 많은 사람들로 하여금 교회에 나오도록 유도하는 수단이 아니다. 우리는 복음송가나 현대 찬송에 반대하지는 않는다. 다만, 찬양의 초점이 하나님의 영광을 높여드리고, 존경과 경배를 올리는 용도로 사용되어지고 있느냐를 묻는 것이다.

　교회의 목적과 본질에 대해서 성경이 증거 하는 것은 무엇인가를 진지하게 되돌아보아야 한다. 교회는 정체되어서는 안 되지만, 역동적으로 움직이게 하려는 것이 궁극적인 목적이 되어서도 안 된다. 교회는 영원한 하나님을 세상에 보여주는 곳이 아니라, 이 세상에 오신 그리스도의 진리를 제시하는 곳이다. 유대인의 문화와 전통이라는 통로를 통해서 주후 1세기에 인간의 몸으로 오신 예수 그리스도께서 교회를 세우시고 어느 곳에서나 어느 종족이라도 교회로 받아들였다. 교회란 인간의 문화 속에 하늘의 성품과 인격이 담겨진 곳이다.[136] 교회는 모두 다 항상 그리스도라는 분명한 속성들과 특성들을 공유한다.

한국 교회든 해외 교회든 상관없이 우리는 슬프게도 수많은 목회 성장의 어두운 면들을 목격하고 있다. 교회의 지침이 되는 하나님의 말씀을 벗어나게 되면, 결국 사람의 허망한 욕심에 빠지게 되고, 죄가 장성하게 되고, 마침내 사망에 이르고 마는 것이다. 한국 교회는 급속한 기업의 성장과 국력의 신장에 힘입어서 양적으로 초고속 성장을 거듭했다. 서울에는 초대형 교회들이 속속 들어섰다. 마치 대기업으로 자리잡은 몇몇 재벌 그룹들처럼, 초대형 교회들은 교세 확장을 도모했다. 여의도의 모 교회는 은사 운동으로 각광을 받았고, 강남 신사동의 모 감리교회는 적극적 사고방식으로 성도들을 유도했다. 이런 교회들을 모아서 "한국의 10대 교회"라는 책이 나왔는데, 지금은 어떻게 평가를 받을지 궁금하다.

수없이 많은 혼란을 가중시킨 이단들이 성도들에게 미래의 성공과 건강, 출세와 인기 등을 마치 마약과 같이 퍼트렸고, 그 폐해가 지금도 남아 있다. 가짜 복음과 불건전한 사이비 유사 기독교 사상들이 퍼져나가서 정통 교회가 치명상을 입었음에도 한국 대

---

[136] Harvey Conn, *Eternal Word in Changing Worlds* (Phillipsburg: P & R, 1992).

형 교회들은 효과적으로 대처하지 못하였다. 목회자들은 모두 다 대형 교회를 목표의 성과물로 설정하였고, 그런 성공한 사업가 이미지를 갖춘 대형 교회 목회자들이 전국 규모의 교회 연합 단체에서 대표 회장을 맡도록 해야 한다는 식으로 호도했다. 대형 교회 목회자가 마치 큰 바위 얼굴에 나오는 위대한 인물이라고 착각하게 되었다. 이런 안타까운 상황들이 펼쳐지던 동안에, 민주화의 희생자들이 늘어났으며, 분단 조국의 양극화가 촉진되었다. 이처럼 지난 세대 초고속으로 성장한 한국 교회는 성경적 기반 위에 튼실하게 세워지지 않고 허술한 부분들이 너무 많았다.

우리는 인격적 목회와 선교적인 명령 수행, 전도에 강조를 두는 것을 결코 반대하지 않는다. 그러나 성경에 담긴 하나님의 말씀과 그분의 권위에 순종하는 입장으로 수행해야만 한다. 복음이 전파되어 회개를 통한 그리스도에 대한 믿음이 형성되고, 총체적인 인격의 변화가 수반되어야만 한다. 그냥 교회 안에 사람들만 많이 모이도록 해서는 결코 부흥이라고 말할 수 없으며, 참된 교회라고도 할 수 없다.

거룩한 진실을 향해 나아가자

필자가 진정한 교회 부흥을 주도하는 목회자들을 살펴본 바, 고난 속에서도 굴하지 않고 하나님이 하시는 사역을 확고히 추구했던 분들은 청교도들이었다.[137] 혼란스러운 시대를 살면서도, 정치적 탄압에 목숨을 잃으면서도, 청교도들은 "거룩한 진실"을 사모했다. 이것을 물려받은 후대의 성도들과 교회는 그들의 신앙과 삶을 가슴에 깊이 새기며 감동으로 간직했다. 청교도들의 "거룩한 진실"은 오늘의 시대를 살아가는 모든 한국 교회 성도들의 열망이 되어야 하고, 후대를 이어가는 성도들에게 뜨거운 감동이 되리라 확신한다.

1980년대 미국 복음주의자들은 건전한 동기에서 출발했음에도 불구하고, 너무나 세속적인 방법론들을 수용했다. 물질적이며 세상적인 목회 성공에 몰입하는 실수를 많이 남겼다. 로버트 슐러의 수정교회(crystal church)처럼, 외적인 규모와 사업적인 프로그램으로 채색된 목회 성공은 결코 오래가지 못하고 무너졌다. 미국 복음주의자들의 영향을 받은 한국 교회의 대형 교회들도 철저한 재검점을 하지 않는다면, 위기를 극복할 수 없을 것이다.

이제 필자는 청교도 신학과 목회자들에게서 얻은 교훈들로 결론적 대안으로 삼고자 한다.

첫째, 참된 부흥에는 하나님의 위대하심, 광대하심, 임재하심, 인격적인 성품들을(사랑과 진노, 언약을 맺으심, 인격적 관계) 강조하

---

[137] 김재성, 『청교도, 사상과 경건의 역사』 (서울: 세움북스, 2020), 59-60.

는 메시지가 중심이 되어야 한다. 우리는 하나님을 만날 수 없고, 만질 수 없고, 대화를 나눌 수 없다. 하지만 하나님이 보여주신바 말씀 계시를 통해서 알 수 있다.

지금도 개혁주의 신학에 기초한 목회자들은 하나님을 아는 지식에 대해서 견고한 기초가 형성되어 있기에 올바른 나팔을 불어서 깨우치고 있다. 온전한 복음 이해, 즉 똑바로 정립된 정통 신학이 없이는 균형 잡힌 목회가 불가능하다. 물론, 우리 모든 인간은 하나님의 본질을 완전히 꿰뚫어 알 수 없다(롬 1:18-23). 하나님께서 친히 낮춰주셔서 우리들의 수준으로 내려오신 것만을 오직 알 수 있을 뿐이다. 필자가 존경하는 청교도 목회자들은 무한하신 하나님의 지혜와 지식을 우리가 이해할 수 있도록 설명하는 능력이 탁월하였다. 하나님과 그의 아들 예수 그리스도를 아는 것이 영생이기 때문이다(요 17:3). 이 진리 외에는 결코 사람이 나아갈 참된 길이란 없다.

둘째, 세상에서 쓰는 일상적인 용어보다는 성경의 언어를 중요하게 선포하여야만 한다.

말을 잘하는 설교자들이 많이 있지만, 사람들이 듣기 좋은 메시지를 계속 듣게 되면 감성적이 되거나 지식의 만족으로만 그치게 된다. 필자가 존경하는 목회자들은 특별 계시로서의 성경의 본문을 온전히 풀어 주는데 최선을 다하고 있다. 참된 부흥을 주도하는 목회자들은 하나님께서 이 세상을 위해서 하시는 일들과 선포를 확실하게 들려준다. 하나님의 주권과 통치와 구원을 확실히 알게 해 준다. 현대 신학자들의 잡다한 신학 이론들을 잘 안다고 해서, 교회가 세워지는 것이 아님을 유럽 교회가 보여주었다. 20세기 최고의 신학자로 추앙을 받았던 칼 바르트의 신학을 바탕으로 삼아서, 성공한 목회자를 보았는가?

셋째, 세상에서의 개인적 성공보다는 성도들의 통합체로서 교회의 승리를 꿈꾸어야 한다. 우리는 목회자 개인의 승리에만 경쟁적으로 몰두하여 왔다. 그러나 이젠 성경에서 어떤 사람이 성공하였고, 반대로 어째서 일부는 실패하였는가를 자세히 살펴볼 수 있어야 한다. 요셉과 다윗은 하나님께서 형통케 하신 사람이었는데, 그 후손들과 이스라엘 민족을 축복하시는 도구로 사용된 사람들이었다. 그러나 오직 한 사람만의 성공을 자랑하려는 집착에 빠지거나 욕심을 성취하려 한 자들은 망하고 말았다.

그리스도 안에 있는 성도들은 다 같이 함께 하나님의 나라를 공유하고, 그 나라의 가치를 높이고자 한다(롬 14:17). 복음의 동기 부여로 가정과 사회와 직장에서 보람 있게 살려는 성도들은 교회를 중심으로 힘을 모아서 여러 가지 사역들을 펼치고 있다. 목회자 개인의 단독 플레이로 영웅적인 업적을 자랑하는 사역들은 결국 마지막에는 죄악이 스며들고 사탄의 유혹에 무너지고 만다.

넷째, 참된 부흥을 이끌어낸 목회자들은 "나도 이런 목회자가 섬기는 교회에서 신앙생활을 하고 싶다"는 '신뢰감'을 준다. 최근 우리 주변 목회자들 중에는 어처구니 없는 욕심에 사로잡혀서 넘어지는 자들도 있다. 목회자를 다 믿을 수 없는 시대가 되었다. 옥석을 가리지 않을 수 없는 사건들이 빈발했기 때문이다. 지금 한국 교회에는 함량 미달의 불량품 목회자들이 얼마나 많은지 알 수 없다.

때로는 하나님의 무한하심과 은혜 때문에, 이단들과 거짓 목회자들이 잠시 동안 큰 소리를 발하고 성공한 듯 보인다. 그러나 예외 없이 사람에게서 나온 것들은 모두 다 무너지고 만다. 인간의 생각들은 대단한 통찰력을 주는 것처럼 일시적으로 번쩍일 뿐이다. 사람은 모두 다 죄인일 뿐이기에, 필자가 어떤 목회자라고 단죄할 수는 없다.

"거룩한 진실"로 도전을 던지는 목회자들은 참된 진리를 터득한 분들이다. 청교도들은 깊은 고뇌와 더불어 핍박을 견디면서 단련된 하나님의 사람들이 되었기에, "거룩한 진실"을 전파하였다. 필자가 존경하는 목회자들은 청교도의 사상과 삶에서 드러난 바 있는데, 그들은 평생을 통해서 인격과 삶으로 열매를 보여주었다. 공의로우신 하나님께서는 악행과 불륜에 빠진 목회자들을 철저히 심판하시며, 공정하게 판단하신다.

오늘 현재 교회의 모습이나 현상 유지에 결코 만족하거나 안주하지 않고, 계속해서 그리스도의 장성한 분량에 이르도록 자라가야 한다. 교회마다 제자 훈련을 강화하고, 모든 요소들을 혁신하고, 갱신하는데 매진해야만 한다. 세상이 변화하는 속도가 너무나 빨라서, 순식간에 새로운 일들이 벌어지고 있다. 교회도 역시 성도들의 성장과 제자 훈련을 강도 높게 끌어올려서, 결코 무너지지 않도록 신앙 강화에 매진해 나가야 한다. 교회 공동체는 놀라운 변화의 연속이요, 하나님의 기적이 지속되는 현장이다. 상상을 초월하는 사역의 열매들이 쌓여가고, 놀라움을 금할 수 없을 만큼 공동체들이 성장하리라 기대해야 한다.

예수 그리스도의 선하심과 영광을 사모하라

모든 현실의 두려움을 극복하도록, 예수 그리스도의 선하심과 아름다움과 영광을 선포하여야 한다. 오직 예수 그리스도 안에서만 참되고, 순결하며, 아름답고, 겸손한 인격이 풍겨 나온다. 그분은 용서와 긍휼하심이 풍성한 분이시다.

기독교 신자의 모든 근원은 계시의 말씀인 성경에서 나오며, 그 중심에 있는 예수 그리스도의 인품과 사역을 통해서 드러났다. 그런데 안타깝게도 목회자들이 연약하여져서, 현대 교회의 설교에

서 예수 그리스도의 복음이 중심에 있지 않는 경우도 많다.[138]

디지털 기술 문명이 제공하는 수많은 사람들의 체험과 이야기들은 각 개인이 취사선택을 해야만 하고, 가치 판단을 해야만 한다. 디지털 미디어는 중요해졌지만, 그 속에서 나오는 이야기들은 결코 진리가 아니다. 디지털 기술 문명이 제공하는 기독교와 관련된 수많은 자료들은 아주 편리하게 사용할 수 있지만, 성경 본문 해석에 관련된 것들은 결코 히브리어와 헬라어를 공부하지 않은 사람들이 만들어낸 것이기에 여기에 현혹되어서는 안 된다. 영적인 성장을 위하여, 조용히 말씀을 묵상하고, 기도하는 시간을 겸비해야만 한다.

디지털 미디어가 만들어내는 각종 종교적 상징들은 어떤 흐름과 경향을 말해주는 것 같지만, 결코 영적인 지침이나 도덕적 해설로 받아들여서는 안 된다. 이미 유럽에서는 기독교 교회가 세속화된 문화의 확산 속에서 빛을 잃었다. 혼밥과 혼술이라는 초개인주의 시대를 이끌어가고 있는 디지털 기술 문명은 가상화폐처럼 속절없이 타락할 수 있는 것이다.

시편 31편 13절에, "참으로 나는 많은 사람들이 속삭임을 듣는

---

[138] Reuben Brendenhof, *Weak Pastor, Strong Christ: Developing a Christ-Shaped Gospel Ministry* (Grand Rapids: Reformation Heritage Publications, 2021).

데, 사방으로부터의 공포를 느낍니다"고 하였다. 그러나 시편 기자는 그 다음 구절에서 "여호와시여, 나는 주님을 신뢰하며, 주님은 내 하나님이시다"고 고백하였다. 두려움, 불확실성, 해결되지 않는 수많은 질문들 속에서도 하나님을 향한 건강한 믿음의 고백이 흔들리지 말아야 한다.

지금은 무엇보다 하나님의 존재와 속성에 대한 깊은 묵상이 필요하다. 특히, 교회는 예수 그리스도의 아름다움과 영광을 맛보고, 소유하고, 충만하게 누리도록 제공해야만 한다.[139] 하나님의 형상을 보여주신 그리스도를 증거하고 전파하는 일에 힘써야 한다. 예수 그리스도는 상처입은 자들에 대한 배려와 겸손의 아름다움을 동시에 보여주셨다.

우리에게 오신 예수 그리스도는 착한 종의 선함과 아름다움을 보여주셨다.[140] 이사야 42장 1절처럼 말이다. "내가 붙드는 나의 종, 내 마음이 기뻐하는 내가 택한 사람을 보라… 그는 소리를 지르지 아니하며, 목소리를 높이지 아니하며, 거리에서 그 목소리가 들리지 않게 하며, 상한 갈대를 꺾지 아니하며, 꺼져가는 심지를

---

[139] David Murray, "The Beauty of God's Servant," in *The Beatuty and Glory of Christ*, ed. Joel Beeke (Grand Rapids: Reformation Heritage Books, 2011), 3-6.

[140] Robert A. Peterson, *Salavation Accomplihsed by Son: The Work of Christ* (Wheaton: Crossway, 2012), 368-71.

끄지 아니하고, 진실로 정의를 베풀 것이다." 우리 예수님은 만왕의 왕이시오, 만물의 주인이요, 창조주이시지만, 세상의 군왕들과 같지 아니하신 분이다. 하나님의 나라는 세상의 정치가들처럼 탐욕과 거짓이 통하지 않는다. 하나님의 나라에서는 정의가 강물을 이루며, 불법과 편법은 반드시 심판을 면치 못한다.

예수 그리스도는 고난당하는 종으로 오셨다. 그런 가운데서도 선하심과 아름다움과 영광이 함께 하였다. 그리스도는 종의 직무를 감당하는 동안에도, 착하고 선량한 인격을 보여주셨다. 고난의 종이 겟세마네에서 감당한 일들을 노래한 것이 이사야 53장이다. 5절에서, 그가 찔린 것은 우리의 허물 때문이며, 그가 상처를 받은 것은 우리의 죄악 때문이다. 그가 징벌을 받음으로 우리가 평화를 누리고, 그가 채찍에 맞음으로 우리가 고침을 받았다. 종으로 오신 그리스도는 너무나 안타깝지만, 수치와 부끄러움을 당하셨다 (사 50:6, 막 15:19, 눅 22:63). 그리스도는 가장 치욕스러운 고난을 당하였으니, 모욕과 침뱉음을 당했고, 십자가에서 죽임을 당했다.

그러므로 우리는 고난당하신 종의 승리를 선포하면서 감격하게 되며, 희망을 발견하게 된다. 그리스도는 종으로서 짓밟힌 신분에서도 마침내 궁극적인 승리를 성취했다. 죽기까지 순종하셨으되, 마침내 부활의 영광을 드러냈다. 찬란한 승리자의 영광을 부활과 승천으로 보여주셨다.

사도 바울은 "그리스도의 종 되신 모습과 사역"을 찬양하면서, 자신이 그리스도의 종이라고 불렀다(빌 2:3-8). 그와 같이 영원토록 종의 위대한 성취를 노래하고, 영광을 돌리자.

하나님의 섭리와 작정에 대한 확신이 필요하다. 교회는 하나님을 아는 지식이 견고하도록 선포하고, 격려해야 한다.

결어

 코로나19 바이러스의 확산이 가져온 죽음의 공포가 일상적인 활동을 정지시켰지만, 예배마저도 대충 사람이 편리한 방식으로 변질되어서는 안 된다. 온전히 바쳐진 제물처럼, 마음을 다 바쳐서 겸손하게 절하고, 하나님 앞에 나아가서 경배하지 않는다면, 하나님께서 받으시는 예배를 올렸다고 할 수 없다. 모이는 예배가 불가능한 것도 아닌데, 영상으로 대체하는 시간에 잠시 관람하는 식으로 드리는 예배가 과연 온 마음과 정성을 다했다고 말할 수 있을까? 성도가 모이는 일에 힘쓰라는 말씀을 외면한다면, 그래서 영상 예배에 참석했다는 식으로 스스로의 합리화하려 한다면, 그야말로 헛된 수고일 뿐이다.

오늘도 하나님께서는 참된 믿음을 갖고 예배하는 자를 찾으신다. 오직 성령의 조명과 인도하심을 받은 참된 성도만이 자신의 무지함과 어두움에서 벗어나서, 온전한 경배자로 하나님 앞에 나아갈 수 있다. 택함을 받은 백성들은 교회에 모이는 예배를 중심으로 살아가야만 한다. 참된 성도는 모든 생활의 초점을 예배에 맞춰야 한다. 교회에 모이는 예배는 그리스도의 몸된 성도들의 특권이자 사명이다. 성도는 그리스도와 연합된 자로서, 하나님의 나라를 드러내고, 하나님께 영광을 돌리고자 함께 모여서 예배하며 교제를 나눈다. 코로나19 바이러스가 위협하는 상황에서도, 정부 당국자들의 몰이해로 인해서 각종 불이익을 당하는 사태가 벌어져도, 우리는 참된 예배를 결코 포기할 수 없다.

교회의 예배와 영적인 모임을 기피하거나 억지로 참여하는 성도는 사탄과의 영적인 전쟁에서 무너지기 쉽다. 영상 예배와 인터넷 중계에 참여하는 것만으로 참된 예배를 대체할 수는 없다. 아무런 노력도 하지 않은 채, 비대면 영상을 통해서 예배를 드린다는 것은 텔레비전을 시청하는 것과 다를 바 없다. 예배자의 태도와 자세는 예배를 받으시는 하나님의 뜻에 합당해야 한다. 성령의 감동을 통해서 거듭나서 부르심을 받은 성도는 "마음을 다하고, 힘을 다하고, 뜻을 다하고, 성품을 다하고, 목숨을 다해서" 하나님을 경배해야 한다.

과연 우리가 영상으로 비대면 예배를 드리는 것이 이와 같은 열심을 다한 것이라고 자신있게 말할 수 있을까? 텔레비전에서 방영하는 드라마, 뉴스, 각종 오락 프로그램을 시청하는 식으로 드리는 비대면 영상 예배는 의무적인 주일 성수와 크게 다를 바 없다.

그렇다고 해서, 모이는 예배에 출석하기만 하면, 자동적으로 성도의 본분과 의무를 온전하게 다 감당했다고 말할 수 있을까? 아니다. 결코 대면 예배에 출석했다고 해서, 자동적으로 하나님께서 받으시는 예배에 참여하는 자가 되는 것도 아니다. 예수님께서는 서기관과 바리새인들의 위선에 대해 저주를 내리셨다(마 23:3-33).

참된 예배자로서 하나님을 기쁘시게 하고, 영생의 상급을 소유하게 되도록, 전심으로 예배하는 자가 되기를 소망한다.

> "믿음이 없이는 기쁘시게 못하나니 하나님께 나아가는 자는 반드시 그가 계신 것과 또한 그가 자기를 찾는 자들에게 상 주시는 이심을 믿어야 할찌니라"(히 11:6).